A SECOND GERMAN READER

By A. Russon and L. J. Russon

A FIRST GERMAN READER
SIMPLER GERMAN COURSE FOR FIRST EXAMINATIONS
ADVANCED GERMAN COURSE
LANGUAGE LABORATORY PATTERN DRILLS FOR BEGINNERS
IN GERMAN
GERMAN VOCABULARY IN CONTEXT

By L. J. Russon

COMPLETE GERMAN COURSE FOR FIRST EXAMINATIONS

A SECOND GERMAN READER

A. RUSSON

and

L. J. RUSSON MA

*Formerly Head of the Department of
Modern Languages at Winchester College*

ILLUSTRATED BY PAUL FLORA

LONGMAN

LONGMAN GROUP LIMITED
London
Associated companies, branches and representatives
throughout the world

First published 1966
Latest impression 1977

ISBN 0 582 36166 4

Printed in Hong Kong by
Sheck Wah Tong Printing Press

Preface

THIS volume of stories, anecdotes and poems is designed to follow *A First German Reader*. It is constructed on the same lines, containing for the most part stories that are suitable for oral or written reproduction. Questions and outlines have been provided for this purpose.

Items 1–15 are restricted to the present, perfect and future indicative tenses; in items 16–26 the imperfect and pluperfect indicative tenses are introduced; and from item 27 onwards subjunctive forms gradually appear. The syntax has been kept simple. The vocabulary is limited to less than 1400 words, nearly half of these being words used in *A First German Reader*. Idiomatic phrases are listed in the order of their first appearance at the end of each story, together with their English equivalents; and a virtually complete German–English vocabulary has been provided.

We gratefully acknowledge our indebtedness to a number of German friends—in particular to Frau Trude Benecke—who have read our stories with a critical eye and suggested many valuable improvements.

A. R.
L. J. R.

Winchester, 1965

Acknowledgements

WE are grateful to the following for permission to reproduce copyright material:

Atrium Verlag, Zürich, for 'Feine Leute, 1200 Meter hoch' from *Doktor Erich Kästners lyrische Hausapotheke*; the proprietors of *Die Zeit* for 'Klassenlose Gesellschaft'; Henssel Verlag, Berlin, for 'Im Park' by Joachim Ringelnatz from *Gesammelte Gedichte*; R. Piper Verlag for 'Die gestrige Zeitung' by Karl Valentin from *Gesammelte Werke*.

Inhalt

1 Zähneputzen

„WIE sollen wir unsere Zähne putzen?"

Die Klasse hat gerade Präpositionen gelernt. Ein Schüler meldet sich sofort und sagt: „An, auf, hinter, . . ." Da fällt die Klasse im Chor ein: „in, neben, über, unter, vor, zwischen!"

2 Zerstreut

DIE Frau will einen Brief an ihre Freundin schreiben.

„Den wievielten haben wir denn heute?" fragt sie ihren Mann, der gerade ins Zimmer kommt.

„Das weiß ich leider auch nicht", antwortet er.

„Ja, wieso denn?" sagt die Frau. „Du hast ja eine Zeitung in der Hand, da steht doch das Datum drauf. Du brauchst doch nur einmal nachzusehen, das kostet dich doch nichts!"

„Das nützt dir doch nichts", sagt der Mann. „Die Zeitung ist doch von gestern!"

Den wievielten haben wir heute?	What is the date today?
Das weiß ich auch nicht.	I don't know either.
Das nützt dir doch nichts.	But that won't help you.

3 Gesang der Tiere

Die Lerche singt Tirili,
Der Hahn kräht Kikeriki.
Ein Vogel piept,
Und das Ferkel[1] quiekt.
Die Biene fliegt Summ,
Der Fisch bleibt stumm.
Das Huhn gackt Gack Gack.
Und die Ente quakt Quak Quak.
Der Hund bellt Wau Wau,
Die Katze miaut Miau,
Schrill kreischt der Pfau.[2]
Das Schaf blökt Bäh,
Die Ziege meckert Mäh,
Der Esel schreit Iah,
Der Rabe krächzt Krah, Krah,
Das End' ist da!
Das End' ist da!

[1] Das Ferkel (-), *sucking pig*
[2] Der Pfau (-en), *peacock*

4 Der Hut

WOLFGANG hat unbedingtes Vertrauen zu seinem Vater und ist sehr stolz auf ihn. Der Vater kann nämlich alles: er kann ein kleines Flugzeug aus einem leeren Hut nehmen, er kann viele Dinge aus der Tasche nehmen, die vorher nicht in der Tasche waren, und er kann ein buntes Taschentuch aus der Nase ziehen, auch wenn man weiß, daß kein Taschentuch in der Nase sein kann. Der Vater kann, mit einem Wort gesagt, „zaubern".[1]

Einmal nimmt der Vater Wolfgang mit auf eine Reise. Als sie in ein Abteil einsteigen, sind die Plätze am Fenster besetzt. Ein alter Herr, der in der einen Fensterecke sitzt, sieht, wie Wolfgang immer wieder zum Fenster hinsieht.

„Du möchtest wohl gern aus dem Fenster sehen, nicht wahr?" sagt er zu Wolfgang. Wolfgang sagt gar nichts und nickt nur mit dem Kopf.

„Komm, du darfst dich auf meine Knie setzen, dann kannst du aus dem Fenster sehen."

Vor Freude strahlend läßt Wolfgang sich von dem Herrn auf die Knie nehmen. Kaum sitzt er aber, so nimmt er den Hut des Herrn und wirft ihn zum Fenster hinaus und sagt dann stolz zu seinem Vater: „Vater, klatsch mal in die Hände, damit der Herr seinen Hut wiederbekommt!"

Zum Nacherzählen (Umriß, S. 79)

Du möchtest wohl gern aus dem Fenster sehen, nicht wahr?	I expect you'd like to look out of the window, wouldn't you?
Kaum sitzt er, so nimmt er den Hut.	Hardly is he seated when he seizes the hat.
Er wirft ihn zum Fenster hinaus.	He throws it out of the window.
Klatsch mal in die Hände!	Just clap your hands.

---

[1] Zaubern, *do conjuring tricks*

5 Erlebnis mitten in der Nacht

„ERICH! Erich! Wach auf! Erich!"

„Ja, was ist denn?"

„Scht! Hör mal!"

Sie lauschen beide mit angehaltenem Atem. Langsame Schritte kommen die Treppe herauf. Es muß ein Einbrecher sein. Vielleicht hat er einen Revolver, sonst würde er doch nicht mitten in der Nacht so laut die Treppe heraufkommen. Was sollen sie nur jetzt tun? Sie hören, wie er langsam eine Stufe nach der anderen nimmt und immer näher kommt. Sie stehen beide gleichzeitig auf und ziehen schnell ihre Schlafröcke an. Helga sieht, daß ihr Mann denselben Gedanken hat wie sie: sie sehen sich beide im Zimmer nach etwas Schwerem um, das sie vielleicht zum Werfen oder gar zum Schlagen nehmen können. Helga hat eine große grüne Flasche auf dem

Nachttisch stehen und nimmt sie in die Hand, da sie nichts anderes findet. Ihr Mann nimmt den Hammer, der zufällig noch von gestern im Schlafzimmer ist. Sie öffnen die Tür sehr plötzlich und sind von einer Taschenlampe geblendet. Aber Erich greift ganz schnell nach dem Schalter und dreht das Licht an.

Ein großer Schutzmann steht vor ihnen. Freundlich lächelnd

sagt er: „Ihre Haustür war unten offen, da wollte ich nur mal
sehen, ob auch alles bei Ihnen in Ordnung ist."

Zum Nacherzählen (Umriß, S. 79)

Was ist denn?	What's the matter?
Sie kommen die Treppe her-	They come up the stairs.
auf.	
Sie sehen sich nach etwas	They look round for something
Schwerem um.	heavy.
Alles ist in Ordnung.	Everything is all right.

6 Nicht so einfach (I)

„WIE oft kann man ein Ei von hundert Eiern abziehen?"

„Das ist doch ganz einfach: hundertmal!"

„Falsch, nur einmal, denn dann sind es nur noch neunund-
neunzig Eier."

7 Am Fahrkartenschalter

„EINMAL erster Klasse nach Bremen für Raucher."

„Das gibt es nicht."

„Keine erste Klasse in diesem Zug?"

„Doch, aber nicht für Raucher."

„Was, Raucher dürfen nicht in der ersten Klasse fahren?
Seit wann ist denn das?"

„Natürlich dürfen Raucher in der ersten Klasse fahren."

„Ach so, sie dürfen dort nicht rauchen?"

„Doch, im Raucherabteil."

„Also, dann bitte einmal erster Klasse Raucherabteil nach
Bremen."

„Karten für Raucherabteile gibt es nicht."

„Aber Sie haben doch eben gesagt, es gibt Raucherabteile
erster Klasse."

„Ja, Raucherabteile schon, aber für die brauchen Sie doch keine Karte."

„Herrlich!, dann können Raucher also umsonst fahren?"

„Nee,[1] bezahlen müssen Sie natürlich."

„Aber eben haben Sie doch gesagt, im Raucherabteil braucht man keine Karte."

„Natürlich müssen Sie eine Karte haben."

„Aber eben haben Sie doch gesagt . . ."

„. . . zum Fahren brauchen Sie eine Karte, aber bloß zum Fahren."

„Wenn ich nun aber rauchen will?"

„Dann steigen Sie eben in ein Raucherabteil ein, dazu brauchen Sie keine besondere Karte."

„Ach so, mit einer gewöhnlichen Karte kann ich also in ein Raucherabteil erster Klasse einsteigen?"

„Nein, nicht mit einer gewöhnlichen Karte. Nur mit einer Karte erster Klasse."

„Bitte, einmal erster nach Bremen."

„Bitte, mein Herr."

„So, und damit darf ich nun in ein Raucherabteil der ersten Klasse einsteigen und dort rauchen."

„Ja, das dürfen Sie."

„Nur noch eine Frage, — muß ich dort rauchen?"

„Sie müssen nicht, wenn Sie nicht wollen."

„Na, dann ist ja alles gut, ich bin nämlich Nichtraucher."

[1] = nein

Einmal erster Klasse nach Bremen.	One first-class (ticket) to Bremen.
Sie brauchen eine Karte zum Fahren.	You need a ticket for travelling.
Dazu brauchen Sie keine besondere Karte.	You don't need a special ticket for that.

8 Der Volkswagen und der Elefant

HERR Günther hat einen grünen Volkswagen. Eines Tages fährt Herr Günther mit seinem grünen Volkswagen durch eine Stadt. Als er zur Hauptstraße kommt, sieht er, daß gerade ein Zirkus durch diese Straße zieht. Es bleibt ihm nichts anderes übrig, er muß anhalten und warten, bis die Straße wieder frei ist. Er sitzt also in seinem Wagen und sieht den Zirkus vorbeiziehen. Jetzt kommen die Tiere. Pferde. Es sind sehr schöne Pferde. So ein Pferd wie diesen Rappen da möchte ich auch gern haben, denkt Herr Günther, und sieht dem Pferd solange nach, wie er es noch sehen kann.

Da bemerkt er, daß es abwechselnd hell und dunkel in seinem Wagen wird. Es ist der Schatten der vorbeiziehenden Elefanten. Wie groß sie sind, denkt Herr Günther und kommt sich ganz klein und winzig in seinem Wagen vor. Einer der Elefanten bleibt plötzlich vor seinem Wagen stehen und legt den Rüssel auf die Haube des Volkswagens. Herr Günther erschrickt, er denkt: Hoffentlich will der Elefant nicht meinen Wagen mit mir darin in die Luft heben. Aber da wendet sich der Elefant um, und Herr Günther atmet auf. Der Elefant sieht zwar auch nicht kleiner von hinten aus . . . Aber! Großer Gott! . . . Herr Günther reißt die Tür seines Wagens auf und springt aus dem Wagen auf die Straße so schnell wie noch nie in seinem Leben. Entsetzt sieht er, wie der Elefant sich langsam setzen will — und zwar auf die Haube seines Volkswagens! Er sieht, wie die Haube sich verbiegt und wie Papier zusammengedrückt wird.

Ein Wärter kommt gelaufen. Leider zu spät. Auf ein Wort von ihm steht der Elefant wieder auf. Der Wärter sagt dann, daß der Dressierstuhl des Elefanten genau dieselbe grüne Farbe hat wie der Volkswagen und daß die Haube so ähnlich aussieht wie der Dressierstuhl. Er sagt noch, daß der Zirkus natürlich den Schaden bezahlen wird.

Das ist alles schön und gut, denkt Herr Günther, aber ich brauche doch meinen Wagen, und der Wagen ist kaputt. Er setzt sich in den Wagen, er will sich ein wenig von dem Schreck erholen und nachdenken, was er jetzt zu tun hat. Ohne zu wissen, was er tut, läßt er den Starter an, der Starter arbeitet, und Herr Günther ist beinahe erschrocken, daß der Motor anspringt. Ja, natürlich! Ich habe ja vergessen, daß der Motor im Volkswagen hinten ist. Das Schaltbrett sieht auch so aus, als ob es noch in Ordnung ist. Er versucht. Ja! der Wagen fährt. Aber der Wagen sieht sehr komisch aus, und alle Leute wenden sich um und sehen ihm nach.

In einem anderen Teil der Stadt hält ein Schutzmann den Wagen an.

„Na, was haben Sie denn da? Sie haben wohl einen Unfall gehabt?" sagt der Schutzmann. „Nein", sagt Herr Günther, „ein Elefant hat sich vorhin auf meine Haube gesetzt." „So", sagt der Schutzmann da, „betrunken sind Sie auch noch! Kommen Sie sofort mit zur Polizeiwache!"

Zum Nacherzählen (Umriß, S. 79)

Eines Tages fährt er durch die Stadt.	One day he drives through the town.
Es bleibt ihm nichts anderes übrig.	He has no option.
Er kommt sich klein vor.	He feels small.
Er atmet auf.	He breathes a sigh of relief.
Er kommt gelaufen.	He comes running (up).
Das ist alles schön und gut.	That is all very fine.

9 Die Eule

DEN ganzen Tag hat es geregnet. Während des Abendessens hört es ganz plötzlich auf zu regnen. Wir wollen noch einen kleinen Spaziergang nach dem Abendessen machen. Die Luft ist herrlich klar, und man sieht das andere Ufer des großen Sees ganz deutlich, wie es so oft nach dem Regen geschieht. Und die Berge, die sonst so unsichtbar sind, stehen klar und blau gegen den Abendhimmel, der langsam anfängt, von der untergehenden Sonne gelb zu werden.

Wir ziehen Gummischuhe und Regenmäntel an und gehen hinaus. Die Luft ist herrlich erfrischend, und wir sind ganz bereit, in dem felsigen Ufer des Sees herumzuklettern. Da sehen wir, wie sich etwas zwischen den Tannen bewegt, aber nicht fortläuft.

Als wir näher kommen, finden wir eine ganz junge Eule im nassen Gras. Ihre Federn sind so naß, daß sie nicht fliegen kann. Wenn wir die Eule hier im Gras sitzen lassen, kommt sicher der Fuchs und holt sie in der Nacht. Wir dürfen die Eule aber nicht mit den bloßen Händen fangen, denn Eulen haben sehr kräftige scharfe Krallen.[1] So wirft Peter seinen Regenmantel über die nasse Eule, und wir können sie nun mit nach Hause nehmen. Die Eule soll bei uns trocken werden, und wir wollen ihr zu trinken und zu fressen geben. Aber, wie

[1] Die Kralle (-n), *claw*

trinkt denn eine Eule mit einem solchen Schnabel?[1] Und was fressen Eulen überhaupt? Keiner weiß eine Antwort darauf.

Aber Stina hat einen Plan. Sie geht zum Telefon, ruft alle möglichen Leute an, und endlich findet sie auch jemand, der weiß, was Eulen fressen und wie sie trinken. Man muß der Eule Wasser mit einem Löffel geben, und sie frißt rohes Fleisch, das man ganz klein für sie schneiden muß. Glücklicherweise hat Stina schon für morgen eingekauft, und Fleisch ist im Kühlschrank. Wir schneiden also Fleisch in ganz winzig kleine Stückchen, und nun können wir die Eule füttern. Und wie hungrig sie ist, es ist eine Freude zuzusehen! Und dann geben wir ihr noch Wasser mit einem Löffel. So, und nun suchen wir ein Plätzchen, wo die Eule die Nacht verbringen und trocken werden kann. Auf dem Boden ist der richtige Platz.

Durch das Fenster können wir die Berge in der unter-gehenden Sonne sehen. Sie sind jetzt nicht mehr blau, sondern sehen aus wie in Gold getaucht, und man kann in die fernste Ferne sehen und alle Einzelheiten der Landschaft in dem goldenen Licht der Abendsonne erkennen.

Am nächsten Tag besuchen wir die Eule. Sie ist ganz trocken. Peter hat starke Lederhandschuhe an und kann die Eule ruhig anfassen, die anscheinend gar keine Angst mehr hat und sich von uns füttern läßt und das Wasser vom Löffel nimmt. Dann gehen wir mit ihr in den Wald und setzen sie auf einen Baum ganz nahe der Stelle, wo wir sie gestern naß im Gras gefunden haben. Es dauert auch nicht lange, da kommt die Mutter, und wir sind sehr zufrieden, aber doch ein bißchen traurig, daß dieses Erlebnis nun zu Ende ist.

Aber ganz zu Ende ist es doch noch nicht. Peter kann nämlich genau so rufen wie eine Eule. Als die beiden Eulen zusammen fortfliegen, imitiert Peter ihren Ruf. Wie freuen wir uns, als uns zwei Eulen antworten! Das muß Olivia und ihre Mutter sein! So nennen wir die Eule jetzt, wenn wir von ihr sprechen.

[1] Der Schnabel (¨), *beak*

Wir gehen noch oft abends wieder in den Wald am Seeufer, und immer, wenn Peter den Eulenruf ruft, antworten zwei Eulen. Wir glauben, daß das Olivia und ihre Mutter sind. Aber eines Abends warten wir umsonst auf die Antwort unserer Eulen. Wir versuchen es noch ein paar Abende, aber es bleibt still im Walde. Jetzt wissen wir, daß es diesmal wirklich das Ende ist.

Zum Nacherzählen (Umriß, S. 79)

Keiner weiß eine Antwort darauf.	Nobody knows what the answer to this is.
Es dauert nicht lange, da kommt die Mutter.	It is not long before the mother comes.
Dieses Erlebnis ist nun zu Ende.	This experience (adventure) is now over.
Eines Abends warten wir umsonst auf eine Antwort.	One evening we wait in vain for an answer.

11

10 *Nicht so einfach (II)*

„WIEVIEL sind zwei Katzen und drei Katzen?"

„Fünf!"

„Richtig! Und wieviel sind ein Regenwurm, ein Rotkehlchen und eine Katze?"

„Drei!"

„Falsch! Das Rotkehlchen frißt den Regenwurm, die Katze frißt das Rotkehlchen! Nur die Katze bleibt übrig!"

11 *Der Schwierige*

„ICH kann diese Suppe nicht essen", sagt ein Herr in einem

Restaurant. Der Kellner nimmt die Suppe fort und bringt einen anderen Teller mit Suppe.

„Ich kann diese Suppe auch nicht essen", sagt der Gast.
„Ja, warum denn nicht?" fragt der Kellner.
„Weil ich keinen Löffel habe!"

12 Der Dackel Kuno

DER Dackel Kuno sieht eigentlich nicht schön aus. Seine
Haare sind struppig und hart und hängen in sein Gesicht, das
man eigentlich häßlich nennen kann. Er ist sehr komisch und
hat sehr schöne Augen. Wenn er einen ansieht, muß man ihn
einfach gern haben. Eine Eigenschaft hat Kuno, die ihn von
allen anderen Dackeln unterscheidet: er gehorcht nämlich.
Ein richtiger Dackel tut das nur, wenn es ihm paßt, und
natürlich paßt es einem Dackel nicht oft. Aber Kuno kommt

immer, wenn Frau Bach ihn ruft. Er kommt sogar, wenn er
hinter einem Reh auf der Wiese oder hinter einem Hasen auf
dem Felde herläuft — natürlich ohne irgendeine Chance —
aber er versucht es halt immer wieder. Wenn Frau Bach ihn
selbst dann zurückruft, kommt er sofort. Darum darf Kuno
auch immer mitgehen, wenn Frau Bach zum Beispiel nach
einem Regen gegen Abend noch einen Spaziergang macht
und sie weiß, daß die Rehe und Hasen aus dem Wald ins
Freie kommen.

Eines Nachmittags einmal hält Frau Bach ein Mittagsschläfchen. Jörg, ihr Enkel, und sein Spielkamerad Helmut
spielen zusammen im Garten. Jörg ist sechs Jahre alt, Helmut
zehn Jahre alt, aber Helmut tut immer, was Jörg will. Der

Dackel Kuno hält auch ein Mittagsschläfchen in seinem Körbchen, und alles ist still und friedlich im Haus. Da ist es Frau Bach plötzlich, als höre sie Kuno draußen bellen. Er bellt aber sehr oft, und deshalb steht sie auch nicht gleich von ihrem Sofa im Wohnzimmer wieder auf. Aber der Dackel bellt leise und sonderbar und hört nicht auf. Es ist fast wie Weinen.

Sie steht nun doch auf und geht und sieht in Kunos Körbchen: Kuno ist nicht da. Nun weiß sie, daß es wirklich Kuno ist, der so bellt. Was hat er nur? Warum hört er nicht auf? Sie geht dem Bellen nach und findet Kuno vor der Garagentür in eine Ecke gedrückt. Sie sieht sich überall um, sieht aber nichts Verdächtiges. So stößt sie die Garagentür hoch, und nun hört sie eine leise Stimme „Omi"[1] rufen. Das ist ja die Stimme von Jörg.

Sie geht der Stimme nach und findet, daß sie aus einem großen geschlossenen Koffer kommt. Die beiden Kinder sind in dem Koffer. Sie will den Koffer öffnen, kann aber den Deckel nicht aufmachen. Sie bemerkt, daß zwischen dem Koffer und dem Deckel ein ganz kleines Stöckchen heraussieht. Sie denkt, das ist sicher der Grund, warum ich den Koffer nicht aufmachen kann. Aber wenigstens kommt so etwas Luft in den Koffer. „Bleibt ganz ruhig!" sagt sie zu den beiden Kindern. „Habt keine Angst, ich hole schnell Hilfe und bin gleich wieder da."

Ihrem Haus gegenüber wird ein neues Haus gebaut. Sie läuft schnell hinüber und bittet um Hilfe. Zwei Arbeiter kommen sofort mit ein paar Geräten, und bald ist der Deckel des Koffers geöffnet, und die beiden Kinder kommen ganz rot im Gesicht und heiß aus dem Koffer und sind sehr erschöpft. Aber sie sind schrecklich froh und küssen Frau Bach und streicheln Kuno. Frau Bach nimmt das Stöckchen in die Hand, sieht es an und denkt: Das Stöckchen ohne Kuno und Kuno ohne das Stöckchen hätten es allein doch nicht geschafft;[2] und

---

[1] Omi = Oma (*children's language*) = Großmama
[2] Hätten es allein nicht geschafft: *would not have done it on their own.*

dann nimmt sie die Kinder, den Dackel und das Stöckchen mit ins Haus.

Zum Nacherzählen (Umriß, S. 80)

Er lief hinter einem Hasen her.	He ran along behind a hare.
Sie kommen ins Freie.	They come into the open country.
Was hat er nur?	Whatever can be the matter with him?
Sie sieht nichts Verdächtiges.	She sees nothing suspicious.
Habt keine Angst!	Don't be afraid.

13 Der Neugierige

REISENDE sitzen in einem Eisenbahnabteil. Es ist ein sehr heißer Tag. Niemand hat Lust sich zu unterhalten; Schweigen herrscht im Abteil. Da hält der Zug, und ein Herr steigt ein. Er ist sehr lebhaft und gesprächig. Er wendet sich an den Herrn ihm gegenüber und sagt: „Fahren Sie auch nach Berlin?" „Nein." „Dann fahren Sie vielleicht nach Leipzig?"

15

„Ja." „Sie fahren wohl zum Vergnügen?" „Nein." „Oder vielleicht machen Sie eine Geschäftsreise?"

Der Herr wird jetzt ungeduldig und sagt: „Ich bin 45 Jahre alt, wiege 163 Pfund und bin 1 Meter 75 groß. Mein Vater lebt noch, meine Mutter ist tot. Ich bin verheiratet, habe drei Kinder, einen Jungen und zwei Mädchen. Der Junge ist 8 Jahre alt, die beiden Mädchen sind sechs und dreieinhalb Jahre alt. Meine Frau hat morgen Geburtstag, sie ist dreiunddreißig Jahre alt, blond, trägt eine Brille und hat augenblicklich Fahrstunden. Möchten Sie noch mehr wissen?"

Alle Leute im Abteil lachen; aber der Mann sagt ganz ruhig: „Ja, ich möchte ganz gerne noch wissen, wie Sie heißen."

„So, das kann ich Ihnen auch noch ganz kurz sagen: ich heiße Lang."

Zum Nacherzählen (Umriß, S. 80)

Niemand hat Lust sich zu unterhalten.	Nobody feels any inclination to converse.
Sie fahren wohl zum Vergnügen?	I suppose you are travelling for pleasure?

14 Klassenlose Gesellschaft

WIR fahren die Rheinuferstraße von Köln entlang — ein Volkswagen, ein Porsche,[1] ein Goggomobil.[2] Wir fahren mal Tempo vierzig, mal Tempo fünfzig. Es ist Berufsverkehr.[3] Ein Überholen ist unmöglich. Und deshalb erreichen wir auch zusammen den Verteilerkreis[4] der Köln–Bonner Autobahn: Der Volkswagen, der Porsche, das Goggomobil.

[1] Der Porsche, *powerful and expensive German car*
[2] Das Goggomobil, *small and inexpensive German car*
[3] Der Berufsverkehr = die Hauptverkehrszeit = *rush hour*
[4] Der Verteilerkreis (-e), *roundabout*

Wir fahren über die Autobahn in Richtung Bonn — ein Volkswagen, ein Porsche, ein Goggomobil. Auf der ganzen Strecke ist Geschwindigkeitsbegrenzung: achtzig Stundenkilo-

meter. Jeder fährt auch achtzig. Man weiß: Die täglichen Kontrollen sind hier sehr streng. Und so fahren wir zusammen nach Bonn hinein — der Volkswagen, der Porsche, das Goggomobil.

Wir fahren durch Bonn. In der Kölnerstraße haben wir eine Straßenbahn vor uns. In der Hundsgasse ist starker Gegenverkehr![1] Auf der Koblenzerstraße fahren, wie immer, zwei Kolonnen nebeneinander. An der Weberstraße huscht das Goggomobil an zwei Linksabbiegenden[2] vorbei. Die beiden anderen warten. Am Palais Schaumburg[3] haben wir wieder aufgeholt, weil der Schutzmann quer steht. Nur die Konstellation ist verändert. Zusammen kommen wir am Bundeshaus[4] an: das Goggomobil, der Volkswagen, der Porsche.

DIE ZEIT

---

[1] Der Gegenverkehr, *oncoming traffic*
[2] Der Linksabbiegende, *(driver) turning off to the left*
[3] Das Palais Schaumburg, *official residence of the Chancellor of the Federal Republic*
[4] Das Bundeshaus, *Federal House of Parliament*

15 Feine Leute, 1200 Meter hoch

Sie sitzen in den Grandhotels.
Ringsum sind Eis und Schnee.
Ringsum sind Berge und Wald und Fels.
Sie sitzen in den Grandhotels
und trinken immer Tee.

Sie haben ihren Smoking an.
Im Walde klirrt der Frost.
Ein kleines Reh hüpft durch den Tann.[1]
Sie haben ihren Smoking an
und lauern auf die Post.

Sie tanzen Blues im Blauen Saal,
wobei es draußen schneit.
Es blitzt und donnert manches Mal.
Sie tanzen Blues im Blauen Saal
und haben keine Zeit.

[1] Der Tann (*poetical*) = der Tannenwald

Sie schwärmen sehr für die Natur
und heben den Verkehr.
Sie schwärmen sehr für die Natur
und kennen die Umgebung nur
von Ansichtskarten her.

Sie sitzen in den Grandhotels
und sprechen viel von Sport.
Doch ein Mal treten sie, im Pelz,
sogar vors Tor der Grandhotels —
und fahren wieder fort!

ERICH KÄSTNER (geboren 1899)

16 So ist das Leben!

ALS ich noch jung war, sagte man immer, wenn ich etwas
wissen wollte: „Du bist noch zu jung, das verstehst du noch
nicht." Jetzt sagt mein Junge immer zu mir: „Das verstehst
du doch nicht, Vater. Dazu bist du zu alt!"

17 Schlau

EINE Anfängerklasse sollte geprüft werden, und der Prüfer
sagte zur Klasse: „Nennt mir eine zweistellige Zahl!" „45",
rief ein Schüler. Der Prüfer schrieb 54 an die Tafel. „Nennt
mir noch eine zweistellige Zahl!" „81", rief ein anderer
Schüler. Der Prüfer schrieb 18 an die Tafel. Franz sah stillschweigend zu und dachte: Was ist denn mit dem Prüfer los?
Kann er denn nicht richtig hören? Als der Prüfer zum dritten-
mal eine zweistellige Zahl verlangte, meldete sich Franz und
sagte: „55! Schreiben Sie das mal verkehrt an die Tafel!"

Was ist mit ihm los?   What is the matter with him?

18 Im Park

Ein ganz kleines Reh stand am ganz kleinen Baum
Still und verklärt wie im Traum.
Das war des Nachts elf Uhr zwei.
Und dann kam ich um vier
Morgens wieder vorbei,
Und da träumte noch immer das Tier.
Nun schlich ich mich leise — ich atmete kaum —
Gegen den Wind an den Baum,
Und gab dem Reh einen ganz kleinen Stips.[1]
Und da war es aus Gips.[2]

JOACHIM RINGELNATZ (1883–1934)

[1] Der Stips (*fam.*), *dig*
[2] Der Gips, *plaster of Paris*

19 Man kann nie wissen

Es war kurz vor Mitternacht. Ein Radfahrer kam auf der Straße von der einen Seite, ein Herr von der anderen Seite. Gerade als sie zusammentrafen, sprang der Radfahrer vom Rad, lehnte es an die Mauer, stieg auf den Sattel und kletterte von dort auf die Mauer. Der Herr sah dem Radfahrer sehr interessiert zu. Die Mauer gehörte nämlich zu dem Hof einer Kaserne.

„Sie sind wohl Soldat?" fragte der Herr neugierig.

„Ja", sagte der Mann auf der Mauer.

„Warum steigen Sie denn über die Mauer?"

„Ach", sagte der Soldat. „Ich hatte keinen Urlaub und hatte dringend etwas zu tun. Wir machen das immer so. Keiner merkt es, wenn wir nur spät genug nach Hause kommen. Aber Sie gehen wohl am Eingang der Kaserne vorbei? Wollen Sie mir bitte einen Gefallen tun?"

„Ja, was denn?" fragte der Herr zurück.

„Seien Sie doch bitte so freundlich und geben Sie mein Rad dort am Eingang ab! Die wissen dort schon Bescheid. Und" — er reichte dem Herrn eine Zigarre — „hier ist auch eine Zigarre für Ihre Mühe! Es ist eine ganz gute!"

Der Herr nahm die Zigarre und steckte sie in die Tasche. Dann nahm er das Rad und sah gerade noch, wie der Mann von der Mauer verschwand. Der Herr gab das Rad am Eingang der Kaserne ab. Die Soldaten dort fanden offensichtlich nichts Ungewöhnliches daran, daß ein Fahrrad mitten in der Nacht bei ihnen abgegeben wurde.

Am nächsten Tage war große Inspektion. Als der General zu dem Radfahrer vom Abend vorher kam, zog er eine Zigarre aus der Tasche seiner Uniform, reichte sie dem Soldaten und sagte lächelnd: „Hier ist übrigens Ihre Zigarre. Ich habe sie doch nicht geraucht. Ich dachte, Sie werden sie jetzt vielleicht

nötiger haben als ich." Und damit ging er zu dem nächsten
Soldaten.

Zum Nacherzählen (Umriß, S. 80)

Die wissen dort schon Bescheid.	*They* know what to do there.
Er sah gerade noch, wie er verschwand.	He could just see him disappearing.
Sie fanden nichts Ungewöhnliches daran.	They saw nothing unusual about it.
Sie werden es nötiger haben als ich.	You will need it more than I.

20 *Eben nicht!*

DR. HERZOG hatte von seinem Vater einen Spazierstock mit
einem goldenen Knauf geerbt. Obgleich der Stock sehr altmodisch war, nahm der Doktor ihn jedesmal, wenn er einen
Spaziergang machte oder zur Stadt gehen mußte. Einmal ließ
er den Stock irgendwo stehen und wußte nachher nicht, wo es
gewesen war. Er hängte einen Zettel in sein Fenster, auf dem
stand:

> Altmodischer Spazierstock mit goldenem
> Knauf stehen gelassen. Der Finder wird
> gebeten, ihn hier im Hause abzugeben.

Es vergingen ein paar Tage, aber niemand brachte den

Stock zurück. Jedesmal, wenn der Doktor ausging, fehlte ihm der Spazierstock. Aber nach kurzer Zeit merkte er, daß das Gehen ohne den Stock viel leichter war; er fühlte sich jünger und brauchte den Stock eigentlich nicht. Und so gewöhnte er sich daran, ohne den Stock auszugehen. Er war nur etwas traurig darüber, daß die Menschen so schlecht und unehrlich waren.

Da klingelte es eines Tages an der Haustür. Der Doktor öffnete selbst die Tür, und da stand draußen ein junger Mann mit dem Spazierstock. Der Doktor freute sich sehr, nicht weil er nun den Stock zurückbekam — er ging ja jetzt immer ohne einen Stock aus und wollte auch nicht mehr mit einem Stock ausgehen —, er freute sich nur, daß der junge Mann so ehrlich war. Lächelnd sagte er zu ihm: „Ich bin sehr froh, daß es heute noch ehrliche Menschen gibt. Ich schenke Ihnen den Spazierstock als Belohnung. Der Knauf ist aus Gold; jeder Juwelier wird Ihnen Geld dafür geben."

„Eben nicht, mein Herr", sagte der junge Mann da. „Eben nicht! Kein Juwelier wollte mir auch nur einen Pfennig für den Knauf geben!"

Zum Nacherzählen (Umriß, S. 80)

Er gewöhnte sich daran, ohne
den Stock auszugehen.

He got used to going out without
the stick.

23

„Ein Glas Grog — und eines für Tinken."

„Einmal Torte mit Schlagsahne — und dasselbe für Tinken."

„Eine Schinkensemmel — und eine für Tinken."

So bestellten die Leute bei Rosel, der Kellnerin im Gasthaus zur Spielmannsaue.[1]

Ich hatte bei dem schönen Schneewetter einen Spaziergang in die Spielmannsaue gemacht und wollte in dem Gasthaus zu Mittag essen. Das Gastzimmer war ganz voll. Ich mußte lange warten, bis die Kellnerin zu mir kam. Durch diese sonderbaren Bestellungen war ich aber sehr neugierig geworden, und als Rosel endlich zu mir kam, fragte ich sie: „Wer ist denn Tinken, daß man ihr so viel zu essen und trinken bestellt?"

Rosel lachte und sagte: „Ach, Tinken nennen wir doch Katinka, die Omnibusschaffnerin, die im Schulbus für unsere Kinder fährt. Voriges Jahr, in dem harten Winter, ist der Bus einmal von einem Schneesturm überrascht worden. Er blieb im Schnee stecken und konnte nicht vorwärts und nicht rückwärts fahren. In dem Bus waren dreißig Schulkinder aus unserem Dorf. Da ist denn die Tinken in dem Schneesturm mehrere Kilometer durch den Schnee gegangen. Manchmal mußte sie auf allen vieren kriechen. So ist es ihr gelungen, Hilfe zu holen, und damit hat sie die dreißig Kinder vor dem Erfrieren gerettet. Aber Tinken sind beide Füße erfroren und sie mußten ihr abgenommen werden.

Heute ist sie nach Innsbruck gefahren, wo sie die Prothesen[2] bekommen soll. Jedesmal, wenn ein Gast etwas für Tinken bestellt, stecken wir das Geld in die kleine Schachtel dort, die auf dem Tisch steht, und so hoffen wir genug Geld für Tinken zu sammeln, damit die neuen Prothesen bezahlt werden können. Und was darf es für Sie sein?" fragte Rosel, die sich schon zu lange bei mir aufgehalten hatte.

---

[1] = proper name. [2] Die Prothese, *artificial limb*

„Also, Fräulein Rosel, bringen Sie mir ein gutes Mittagessen
— und eines für Tinken!"

Zum Nacherzählen (Umriß, S. 81)

Bei diesem Wetter.	In this weather.
Manchmal mußte sie auf allen vieren kriechen.	Sometimes she had to crawl on all fours.
Es ist ihr gelungen, Hilfe zu holen.	She succeeded in getting help.

22 *Das Gespenst*

EINMAL war eine junge Dame bei den Hortmanns auf dem Lande eingeladen. Das Haus, in dem die Hortmanns wohnten, war aus dem fünfzehnten Jahrhundert. Als ihr das Haus gezeigt wurde, fragte sie ihren Gastgeber: „Gibt es in diesem Haus auch ein Gespenst?" Sie bekam darauf keine direkte Antwort. Nach einer ganz kleinen Pause fragte Dr. Hortmann zurück: „Ja, glauben Sie denn an Gespenster?" Sie hatte die Pause bemerkt. Etwas stimmte da nicht. Sie wagte aber keine direkte Frage mehr.

Am Nachmittag hörte sie ganz zufällig im Dorf, daß es auf dem Gutshaus ein Gespenst geben sollte; und zwar sollte es nachts um drei Uhr ins Turmzimmer zur Tür hereinkommen. Sie suchte und fand das Turmzimmer. Es war nicht weit von ihrem Schlafzimmer. Es war auch ein Schlafzimmer; man konnte aber sehen, daß es heute wohl nicht mehr zum Schlafen benutzt wurde. Es lagen viele Decken und Kissen und Federbetten auf den zwei Betten, die darin standen. Sie hatte sofort einen Plan.

Als alle im Bett waren und es dunkel im Gutshaus war, ging sie leise mit ihren Bettüchern und einer kleinen Flasche Rum über den Gang von ihrem Schlafzimmer zum Turmzimmer. Hier machte sie eines der Betten frei und legte sich schlafen.

Als die Turmuhr nachts dreimal schlug, wachte sie auf. Heller Mondschein fiel ins Zimmer. Gerade richtig für eine Gespensterszene, dachte sie. Dann sagte sie laut, um sich Mut zu machen: „Ich erwarte natürlich gar nicht, daß wirklich etwas geschehen wird." Nach kurzer Zeit jedoch sah sie, wie die Tür langsam aufging und eine Gestalt ins Zimmer kam. Ungläubig, aber doch ein wenig erschrocken, sah sie die Gestalt sich ihrem Bett nähern. Es geschah ohne jedes Geräusch. Als die Gestalt jetzt aber ganz nahe war und die Hand nach ihr ausstreckte, fiel sie in Ohnmacht.

Später wachte sie auf und zitterte am ganzen Körper vor

Kälte. Der Mond schien noch immer zum Fenster herein, der Lichtstrahl war aber im Zimmer weiter gewandert, und jetzt konnte sie die Tür ganz klar sehen. Die Tür war zu, und nichts Verdächtiges war zu sehen. Sie trank einen Schluck Rum, holte sich noch eine Decke von dem anderen Bett, legte sich wieder in ihr Bett und zog die Decke über ihren Kopf. Bald war ihr wieder warm, und sie schlief ein.

Am nächsten Morgen wachte sie ziemlich früh auf und ging in ihr eigenes Zimmer zurück. Niemand hatte sie gesehen. Sie hatte die Absicht, nichts von ihrem nächtlichen Erlebnis zu sagen.

Als sie nach unten ins Eßzimmer kam, war sie die erste beim Frühstück. Während sie am Tisch saß und heißen Kaffee trank — nie hatte ihr der Kaffee so gut geschmeckt wie heute —, kam ein anderer Gast, ein junger Mann, auch zum Frühstück ins Eßzimmer. Er rieb sich die Hände und sagte:

„Schade, daß es so kalt geworden ist. Ist Ihnen auch so kalt?"

„Ja", sagte die junge Dame. „Ich bin heute nacht aufgewacht, weil mir so kalt war."

„Komisch", sagte der junge Mann. „Ich bin auch heute nacht aufgewacht, weil mir so kalt war. Ich konnte einfach nicht wieder einschlafen. Da bin ich ganz leise ins Turmzimmer gegangen und habe mir von dort noch eine Decke geholt."

Zum Nacherzählen (Umriß, S. 81)

27

Es sollte zur Tür herein-kommen.	It was supposed to come in through the door.
Sie legte sich schlafen.	She went to bed.
Sie zitterte am ganzen Körper vor Kälte.	She was shivering all over with cold.
Nichts Verdächtiges war zu sehen.	There was nothing suspicious to be seen.
Nie hatte ihr der Kaffee so gut geschmeckt.	Never had she enjoyed her coffee so much.
Er rieb sich (*dative*) **die Hände.**	He rubbed his hands.

23 *Eine sonderbare Situation*

DIE Sprechstunde war zu Ende. Der Arzt schrieb noch etwas, nahm dann seine Tasche, ging in die Garage und holte den Wagen aus der Garage. Er mußte nun die Kranken besuchen, die nicht zu ihm kommen konnten.

Gegen das Ende des Dorfes sah er eine alte Frau auf der Straße stehen, die mit der Hand winkte. Der Arzt hielt an. Er kannte die Frau nicht. Sie hatte eine kleine Reisetasche neben sich stehen. Sie muß eine Fremde sein, dachte der Arzt.

„Fahren Sie vielleicht nach Kassel?" fragte die Frau.

„Ja", sagte der Arzt.

„Sie haben noch Platz in Ihrem Wagen. Nehmen Sie mich doch bitte mit!" sagte die Frau.

Der Arzt öffnete die Tür des Wagens und sagte nur: „Steigen Sie ein. Die Tasche können Sie hinten in den Wagen stellen." Während er das sagte, klappte er den Vordersitz nach vorn. Die Frau nahm die Tasche, und der Arzt sah, daß die Tasche sehr sehr schwer war. Er nahm deshalb die Tasche selbst und stellte sie hinten in den Wagen. Als nun die Frau auch nach hinten in den Wagen steigen wollte, klappte der Arzt den Vordersitz wieder zurück und sagte: „Sie können ruhig vorne bei mir sitzen. Steigen Sie ein!"

Die Frau schien eine Sekunde lang zu zögern, und dann setzte sie sich neben den Fahrer. Der Arzt fuhr weiter. Er hielt aber noch einmal vor einem Laden in einem der letzten Häuser an und sagte: „Ich will noch schnell ein paar Zigaretten kaufen, ich bin gleich wieder da." Er stieg aus und ließ die Tür des Wagens offen stehen. Er ging in den Laden, blieb aber nicht lange und kam dann wieder zum Wagen zurück, setzte sich an das Lenkrad und fuhr ab. Er sagte: „So, nun kann es endlich losgehen."

Nach einer Weile fragte der Arzt die Frau: „Wie alt sind Sie denn?"

„62", sagte die Frau. „Da haben Sie sich aber gut gehalten. Ich kenne Sie nicht. Sie sind wohl fremd hier?" sagte der Arzt. „Ja", sagte die Frau, „ich bin nicht von hier." „Woher kommen Sie denn?" fragte der Arzt weiter. „Aus Neustadt." „So", sagte der Arzt. „Wo liegt denn das? Ich kenne nur ein Neustadt an der Saale, das ist aber sehr weit von hier." „Nein, nicht das", sagte die Frau, „es liegt an der Orla."

Die Frau sprach offensichtlich nicht sehr gern. Ihre Stimme war sehr leise und sie schien etwas heiser zu sein. So sagte der Arzt nichts mehr, und sie fuhren schweigend weiter.

Der Arzt fuhr ungefähr fünfzig Kilometer in der Stunde. Er sah in den Spiegel und beobachtete die Straße hinter sich. Er hatte sich so an das Lenkrad gesetzt, daß er jede Bewegung der Frau neben sich sehen konnte. Sie fuhren nun schon seit zwanzig Minuten, ohne ein Wort zu sagen. In dem Spiegel sah der Arzt einen Wagen kommen. Es war ein Polizeiauto. Er hatte das blaue blinkende Licht schon eine Weile in dem Spiegel bemerkt und gesehen, wie es schnell näher kam. Der Arzt hielt jetzt seinen Wagen an, und da hielt das Polizeiauto auch schon neben ihm. Zwei Polizisten stiegen schnell aus und öffneten die Tür des Wagens, wo die Frau saß.

„Steigen Sie aus und halten Sie die Hände hoch!" sagte einer der Polizisten. Während die Frau ausstieg, zog der andere Polizist ihr das Tuch vom Kopf. Die alte Frau war gar keine alte Frau, sie war ein Mann, der ungefähr fünfzig Jahre alt war. Ein Polizist nahm die Tasche aus dem Wagen und machte sie auf. Das Schloß öffnete sich geräuschlos. Oben in der Tasche lag eine kurze Eisenstange und noch viele Schlüssel. Der Polizist wandte sich zu dem Arzt und sagte: „Hut ab, Herr Doktor! Sie haben scharf aufgepaßt. Wir suchen diesen Mann schon lange."

Zum Nacherzählen (Umriß, S. 81)

Sie können ruhig vorne bei mir sitzen.	It'll be all right for you to sit in front with me.
Nun kann es endlich losgehen.	Now we can start at last.
Sie sprach nicht gern.	She was unwilling to speak; she didn't like speaking.
Hut ab!	I take off my hat to you!
Wir suchen diesen Mann schon lange.	We have been looking for this man for a long time.

24 Der Gast

RICHARDS Vater, Herr Schrader, mußte ein Jahr lang in Indien bleiben. Während der heißen Zeit ging er, wie die meisten Europäer, mit seiner Familie in die Berge. Dort war es viel gesünder, weil es nicht so heiß war. Für Richard, der drei Jahre alt war, war das ein Paradies.

Eines Morgens beim Frühstück bat Richard die Eltern, seinen Brei draußen auf der Veranda essen zu dürfen. Die Erlaubnis wurde gern gegeben. Richard gefiel es auf der Veranda so gut, daß er von nun an sein Frühstück nur dort essen wollte. Es entstand jeden Morgen eine kleine Zeremonie, die immer gleich blieb: wenn Richard seinen Teller mit Brei erhielt, sah er seine Mutter bittend an. Die Mutter lächelte, nickte mit dem Kopf und sagte: „Ja, geh nur!" „Danke, Mama", sagte Richard und ging dann mit strahlenden Augen und immer gleicher Freude auf die Veranda hinaus.

Eines Morgens jedoch wurde die Zeremonie verlängert: Richard kam nach einer Weile ins Eßzimmer zurück und bat um noch eine Portion Brei. Sein Teller wurde noch einmal gefüllt, und er lief dann wieder hinaus.

Von nun an geschah das jeden Morgen. Aber endlich wunderten sich die Eltern doch darüber, daß Richard plötzlich so großen Appetit hatte. Als er am nächsten Morgen wieder eine zweite Portion geholt hatte, ging die Mutter leise zur Verandatür, um zu sehen, was Richard tat. Sie war vor Schreck wie versteinert: neben dem Teller lag eine Kobra, und sie hörte, wie Richard sagte: „Nein, jetzt bin ich doch dran", und während er das sagte, gab er der Schlange eins mit dem Löffel über den Kopf. Frau Schrader stockte das Herz. Nichts geschah jedoch. Richard aß einen Löffel voll Brei, füllte den Löffel wieder und hielt ihn der Schlange hin, die den Brei vom Löffel fraß. Dann aß Richard einen Löffel Brei, und dann bekam die Schlange einen, und so ging es abwechselnd, bis der

Teller leer war. Lautlos glitt die Schlange vom Tisch herunter, glitt über den Boden der Veranda und war im Nu verschwunden.

Richard war wieder allein. Er sah der Schlange nach. Seine Hand hob sich ein wenig, als wollte sie die Bewegung des Winkens machen, aber noch ehe die Bewegung zu einem wirklichen Winken wurde, ließ er die Hand wieder sinken. Ganz langsam wandte er sich dann um.

Zum Nacherzählen (Umriß, S. 81)

Eines Morgens beim Früh-stück.	One morning at breakfast.
Es gefiel ihm auf der Veranda.	He liked being on the veranda.
Sie hörte, wie er es sagte.	She heard him say(ing) it.
Jetzt bin ich dran.	Now it's my turn.
Sie war im Nu verschwunden.	It had disappeared in an instant.

nicht. Seine Lippen zitterten leicht, wie bei einer Katze, die
schläft und träumt. Mit leuchtenden Augen sah er auf zum
Mond.

Zum Nacherzählen (Umriß, S. 82)

Er ist die Treppe hinauf- **gegangen.**	He went up the stairs.
Wir verstehen uns alle gut.	We all get on well with one an- other.
Morgen geht es weiter.	Tomorrow we are pushing on.
Halte uns den Daumen!	Keep your fingers crossed.

26 Heimkehr mit Hindernissen

In einer deutschen Stadt gab es ein Haus, das viel zu groß war,
und niemand wollte es kaufen oder darin wohnen. Ein Architekt hatte aber eine Idee. Er kaufte das Haus und baute es um,
und jetzt gibt es viele kleine Wohnungen in dem Haus, und
viele Leute wohnen darin.

Helene und Simon hatten die Wohnung im obersten Stock
auf der linken Seite des Hauses. Einmal nun kamen sie spät in
der Nacht von einer Reise zurück. Es war sehr schlechtes
Wetter, es war kalt, und der Sturm trieb den Regen vor sich
her. Helene und Simon nahmen alles Gepäck aus dem Auto
und stellten es zuerst einmal in den Eingang des Hauses. Dann
trugen sie einen Koffer nach dem anderen die Treppen hinauf
vor ihre Wohnungstür. Als die Koffer alle oben waren, suchten
sie den Schlüssel zur Wohnungstür. Aber weder Simon noch
Helene hatten den Schlüssel. Simon ging noch einmal zum
Auto in die Garage, aber der Schlüssel war auch nicht im Auto.
Was sollten sie tun, so mitten in der Nacht?

Da fiel Simon ein, daß auf der anderen Seite des Hauses eine
Feuerleiter war, auf der man auf das Dach kommen konnte.
Von dort hoffte er vielleicht auf seinen Balkon springen zu
können und von dort aus in die Wohnung zu kommen. Simon

sagte also zu Helene: „Ich will vom Dach aus versuchen, in die Wohnung zu kommen", und schon stürzte er die Treppe hinunter. „Sei aber vorsichtig!" rief Helene ihm nach, aber er hörte es nicht mehr.

Auf der anderen Seite des Hauses fand er die Feuerleiter. Er begann sofort hinaufzuklettern. Huh! Wie kalt und naß es war! Je höher er nach oben kam, desto mehr faßte der Sturm seinen Mantel. Der Hut flog fort, er merkte es kaum. Endlich war er oben auf dem Dach. Es war sehr dunkel. Hier und da erschrak er, wenn plötzlich etwas ungeheuer Großes, Schwarzes ihm im Weg stand. Wie grotesk die Schornsteine von der Nähe aussahen — wie hoch sie waren — wie viele Schornsteine es auf dem Dach gab!

Er wußte nicht, wie weit er schon auf dem Wege zu seiner Wohnung gekommen war. Es kam ihm sehr weit vor. In einer Ecke zwischen zwei Schornsteinen war es still, und er fand ein wenig Schutz vor dem Winde. Er ruhte sich eine kleine Weile aus. Er war ganz naß, aber wenigstens konnte er hier einmal ruhig Atem holen. Dann ging er wieder in den Sturm, ging vorsichtig weiter und sah dann, daß er schon am anderen Ende des Daches angekommen war. Hier mußte der Balkon seiner Wohnung sein. Er sprang auf den Balkon. Aber er konnte weder die Tür noch ein Fenster aufmachen. Es blieb ihm nichts anderes übrig als eine Scheibe einzuschlagen. Er war froh, als er endlich in der Wohnung war, und ging schnell hindurch, ohne Licht zu machen, um die Tür für seine Frau aufzumachen.

Als er aus der Tür herauskam, sah seine Frau ihn mit ganz großen Augen an, und er sah auch sie sprachlos an, und dann sahen sie beide nach dahin, wo ihre Wohnungstür war, die verschlossen und dunkel war wie vorher. Simon war in die Wohnung ihres Nachbars gegangen und hatte eine Scheibe auf einem fremden Balkon eingeschlagen! Während sie so dastanden und zu ihrer Wohnungstür hinsahen und nicht wußten, was sie dazu sagen sollten, fühlten sie plötzlich einen kalten Luftzug, und die Tür ihres Nachbars fiel mit lautem Knall wieder zu. Erschrocken setzte sich Helene auf die oberste

Treppenstufe, aber Simon rannte, ohne auch nur ein Wort zu sagen, wieder die Treppen hinunter, aus dem Haus, in den Regen, in den Sturm.

Diesmal wußte er, was alles da oben auf dem Dach auf ihn wartete. Aber der Weg kam ihm diesmal nicht ganz so weit vor wie das erste Mal. Hier war auch schon der Balkon ihrer Wohnung. Er konnte jetzt nicht verstehen, warum er vorhin den Fehler gemacht hatte. Er mußte auch auf seinem Balkon eine Scheibe einschlagen; es war ja auch ganz egal, der Glaser mußte sowieso kommen, und dann mußten eben zwei Scheiben neu eingesetzt werden. Er war froh, als er nun in seiner Wohnung war und ging, um Helene hereinzulassen. Sie war ganz erstaunt, als sie ihn schon sah und sagte: „Das ging aber schnell! Das Licht ist diesmal nur viermal ausgegangen." Helene nahm einen schweren Koffer und wollte ihn in die Wohnung tragen. Simon sah es und ging schnell auf sie zu, um ihr den Koffer abzunehmen. Da fühlten sie einen kalten Luftzug, und noch ehe sie sich umwenden konnten, war die Wohnungstür wieder zugeknallt.

Simon stellte den Koffer wieder auf den Boden, rannte die Treppe hinunter, so schnell er konnte, lief zum Haus hinaus, in den Regen, in den Sturm. Ihm war jetzt alles egal. Es half alles nichts, er mußte noch einmal die Feuerleiter hinaufklettern und auf das Dach gehen. Diesmal ging es noch schneller, denn die Scheibe war ja schon eingeschlagen und die Balkontür noch offen. Er ging durch die Wohnung, öffnete die Wohnungstür, und da stand Helene. Sie trugen jetzt die Koffer in die Wohnung; nur noch ein Koffer stand draußen. Da ging das Licht im Treppenhaus[1] aus.

„Helene! Dreh doch mal schnell das Licht im Treppenhaus wieder an!" rief Simon seiner Frau zu. Helene ging zum Licht. Da fühlte Simon einen leisen Luftzug, das heißt, er fühlte, wie ein Luftzug anfing sich zu bilden. Das Licht ging wieder an, er ließ den Koffer schnell wieder fallen und erreichte die Tür

[1] Das Treppenhaus, *well of staircase*

gerade noch im letzten Augenblick. „Oh! die venezianische Vase ist ja in dem Koffer!" rief Helene, als sie sah, wie der Koffer hart auf den Boden fiel. „Das ist mir ganz egal!" sagte Simon. „Ich kaufe dir noch drei venezianische Vasen, wenn ich nur nicht noch einmal . . ." Er konnte den Satz nicht zu Ende reden, ja nicht einmal nur zu Ende denken. Er fühlte ganz plötzlich die Kälte und seine nassen Kleider und schüttelte sich.

Simon trug den letzten Koffer in die Wohnung, und sie schlossen die Wohnungstür hinter sich mit einem Seufzer der Erleichterung.[1] Helene ging sofort in die Küche, um Wasser aufzusetzen, und Simon holte eine Flasche Rum. Als sie dann

ein heißes Bad genommen hatten und in ihren Schlafröcken sich hinsetzten und Tee mit Rum tranken, fingen sie beide an so zu lachen, daß ihnen die Tränen über die Wangen rollten.

Zum Nacherzählen (Umriß, S. 82)

Im obersten Stock.	On the top floor.
Etwas Großes stand ihm im Weg.	Something big stood in his way.
Es war ja ganz egal.	It was really all the same.
Er ging auf sie zu.	He went up to her.
Es half alles nichts.	It was all no use.
Er erreichte es gerade noch im letzten Augenblick.	He just reached it at the last moment.

[1] Ein Seufzer (*m.*) der Erleichterung, *a sigh of relief*

27 Eisenbahngespräch

Ein junger Matrose fuhr mit dem Zug nach Hause. Er unter-
hielt sich mit den anderen Reisenden im Abteil. Er erzählte
von seinen Reisen und sagte dann, daß sein Schiff auf der
letzten Fahrt gesunken sei und daß er auf eine ganz wunder-
bare Weise gerettet worden sei. Er erzählte sehr gut, und seine
Geschichten waren so aufregend, daß alle ihm zuhörten.

„Ist Ihr Vater auch Seemann gewesen?" fragte eine Dame
den Matrosen.

„Ja, er war Kapitän und ging mit seinem Schiff unter."

„Und Ihr Großvater?" fragte die Dame weiter.

„Sein Schiff wurde vom Sturm gegen einen Felsen getrieben,
und er und seine ganze Mannschaft sind ertrunken."

Die Dame dachte eine Weile nach, und dann sagte sie:
„Und obgleich Sie das alles wissen, wollen Sie wieder zur See
gehen? Wenn ich Sie wäre, würde ich das nicht tun."

„Und wo starb Ihr Vater?" fragte der Matrose die Dame.

„Er starb in seinem Bett!"

„Und Ihr Großvater?"

„Er starb auch in seinem Bett!"

„Dann würde ich an Ihrer Stelle nie wieder ins Bett gehen",
sagte der Matrose, und alle Reisenden mußten lachen und
sogar die Dame auch.   *Zum Nacherzählen (Umriß, S. 82)*

Auf eine ganz wunderbare Weise.	In quite a miraculous manner.
An Ihrer Stelle würde ich ins Bett gehen.	If I were you I'd go to bed.

EIN Mann sah in einem Schaufenster eines Ladens weiße
Mäuse. Er kannte in seinem Dorf einen Mann, der weiße Mäuse
züchtete und so sich ein schönes Stück Geld verdiente. Er ging
kurz entschlossen in den Laden und kaufte sich mehrere Paare
weißer Mäuse. Da er noch ein wenig Zeit bis zum Abfahren
des Zuges hatte, ging er in eine Konditorei dem Bahnhof
gegenüber und fand einen freien Tisch. Er setzte sich und
legte die Schachtel mit den weißen Mäusen auf einen Stuhl
neben sich. Er bestellte Kaffee und ein Stück Kuchen und,
weil er darauf rechnete, bald mehr Geld durch die Mäuse zu
verdienen, noch einen Schnaps zu seinem Kaffee. Schlagsahne
hielt er für unmännlich und nahm sie nie. Er hatte sich eine
Zeitung geholt und saß zufrieden und glücklich und trank
seinen Kaffee und las.

Da kamen zwei Frauen an seinen Tisch, und eine davon
fragte: „Sind die beiden Stühle am Tisch noch frei?" Ärgerlich
sagte der Mann einfach nur „Ja" und las weiter in seiner
Zeitung. Er fühlte sich aber gestört. Die beiden Frauen redeten
viel und laut miteinander, und er konnte nicht mehr lesen und
wurde noch ärgerlicher.

Inzwischen war es den Mäusen in der Schachtel zu langweilig geworden. Die Schachtel war für die kleinen Tiere ziemlich groß, und sie konnten darin hin und her laufen, und das
taten sie auch und machten dabei so ein Geräusch, daß die

Frauen es bald merkten. Sie hörten auf zu sprechen und sahen erstaunt auf die Schachtel und sahen dann den Mann fragend an. Der dachte aber gar nicht daran, mit den Frauen zu sprechen. Er wollte nur seine Ruhe haben. Aber schließlich konnten die Frauen ihre Neugier nicht mehr zügeln, und die eine fragte: „Ja, sagen Sie doch, was haben Sie denn da in der Schachtel?" Der Mann tat, als hörte er die Frage nicht. Aber die Frau war anscheinend entschlossen. Sie stieß den Mann am Arm an und fragte sehr laut noch einmal: „Um Gottes willen, was ist denn in Ihrer Schachtel?" Da wurde der Mann sehr ärgerlich und sagte: „Na, wenn Sie durchaus wissen müssen, was ich da in meiner Schachtel habe, . . . hier . . ." und damit öffnete er die Schachtel, um es ihnen zu zeigen.

Darauf hatten die Mäuse aber nur gewartet. Bevor der Mann merkte, was geschah, waren sie alle aus der Schachtel gesprungen. Und nun ging eine wilde Jagd nach den Mäusen los. Frauen schrien vor Angst und stellten sich auf Stühle, Kinder quietschten vor Freude, und die Kellner und Gäste halfen, die Mäuse wieder zu fangen. Ein Tisch fiel um, Stühle wurden umgeworfen, Gläser fielen auf den Boden, und alle waren in großer Aufregung. Aber endlich waren die Mäuse wieder gefangen. Als der Mann die letzten zwei Mäuse in der Hand hatte, wollte er sich einen Spaß machen, und er setzte je eine Maus den beiden Frauen auf die Schulter und sagte: „So, nun wissen Sie, was da in der Schachtel drinnen ist, und

Sie können sich ja die Mäuse einmal genauer ansehen." Die
beiden Mäuse suchten schnell ein Loch. Die eine kroch der
einen Frau unter den Mantelkragen, und die andere Maus
sprang der anderen Frau in den Blusenausschnitt . . .

In der Gerichtsverhandlung wurde der Mann zu fünfzig
Mark Geldstrafe verurteilt. Als der Richter den Mann fragte,
ob er noch etwas zu sagen habe, sagte der Mann: „Ja, schon,
Herr Richter. Ich weiß ja, es war nicht recht von mir, daß ich
den beiden Frauen je eine Maus auf die Schulter setzte. Aber
ich war so ärgerlich. Warum mußten die beiden Weibsbilder[1]
denn genau wissen wollen, was da in meiner Schachtel drin[2]
war? Das ging sie doch gar nichts an!"

Zum Nacherzählen (Umriß, S. 82)

Er rechnete darauf, Geld durch sie zu verdienen.	He counted on making money with them.
Er las weiter in seiner Zeitung.	He went on reading his newspaper.
Er dachte gar nicht daran, mit ihnen zu sprechen.	He didn't dream of speaking to them (i.e. it was the last thing he wanted to do).
Sagen Sie doch, was haben Sie da?	I say, what have you got there?
Er tat, als hörte er die Frage nicht.	He pretended not to hear the question.
Das ging sie doch gar nichts an.	After all, that did not concern them at all.

[1] Das Weibsbild (-er), *female*
[2] = darin

29 Mißverständnis

„ZEUGE, erzählen Sie mal, wie drückte sich der Angeklagte aus?"

„Er sagte, er habe das Auto gestohlen."

„Sprach er denn in der dritten Person?"

„Nein, Herr Richter, wir waren allein."

„Sie verstehen mich falsch. Ich meine, hat er gesagt: ‚Ich habe das Auto gestohlen'?"

„Nein, Herr Richter, von Ihnen war doch gar nicht die Rede!"

30 Treue

HAUSFRAU zum neuen Mädchen:

„Ich wünschte, Sie hätten den Ernst Ihrer Vorgängerin, Marie."

„Nein", sagt Marie sofort, „das kann ich nicht. Ich bleibe meinem Erich treu!"

31 Die Frösche

Ein großer Teich war zugefroren;
Die Fröschlein, in der Tiefe verloren,
Durften nicht ferner quaken noch springen,
Versprachen sich aber, im halben Traum:
Fänden sie nur da oben Raum,
Wie Nachtigallen wollten sie singen.
Der Tauwind kam, das Eis zerschmolz,
Nun ruderten sie und landeten stolz
Und saßen am Ufer weit und breit
Und quakten wie vor alter Zeit.

JOHANN WOLFGANG VON GOETHE (1749–1832)

32 Der Maler

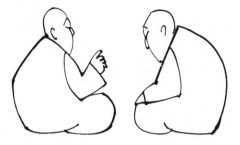

EIN reicher Kunstfreund in Japan bestellte ein Bild bei einem Maler. Er sollte einen Hahn für ihn malen. Nach einem Jahr fragte der Kunstfreund den Maler höflich, ob er sein Bild bald bekommen könne.

„Das Bild ist noch nicht fertig, ich arbeite noch daran."

Als wieder ein Jahr um war, ging der Kunstfreund wieder zu dem Maler und fragte ihn etwas ungeduldig: „Wann wird mein Bild fertig sein?"

„Warten Sie einen Augenblick, Sie können das Bild gleich mitnehmen", sagte der Maler und zeichnete das Bild mit wenigen Pinselstrichen auf das Papier.

„Warum haben Sie mich zwei Jahre warten lassen, wenn Sie jetzt das Bild mit wenigen Strichen in wenigen Minuten machen können?"

Da führte ihn der Maler in sein Atelier. Hier war nichts weiter zu sehen als viele viele Bilder, auf denen immer wieder derselbe Hahn zu sehen war. Der Maler hatte zwei Jahre lang nichts anderes gezeichnet als diesen Hahn, um dann in wenigen Minuten die wesenhafte Form eines Hahnes mit wenigen Strichen geben zu können.

Zum Nacherzählen (Umriß, S. 83)

Warum haben Sie mich zwei Jahre warten lassen? Why did you keep me waiting for two years?

Ein junger Mann saß auf einer Bank im Park. Er wartete auf ein Mädchen, mit dem er verlobt war. Er war ungeduldig und war viel zu früh gekommen. Er wartete nicht gern, er war unzufrieden und langweilte sich. Er saß und sah vor sich hin. Da lag ein Knopf auf dem Boden vor ihm. An seiner Jacke fehlte ein Knopf, gerade so einer wie dieser da. Er hatte noch Zeit, bis das Mädchen kam. So zog er eine Nadel aus der Tasche — er war nämlich ein Schneider — und nähte den Knopf an die Jacke. Ein wenig Zeit war so vergangen. Aber er mußte noch immer warten. Gelangweilt fing er an, an dem Knopf zu drehen, den er gerade angenäht hatte. Da stand das Mädchen vor ihm. Die halbe Stunde war aber schnell vergangen! Er war froh und sprach und lachte mit ihr. Da kam ihm plötzlich der Gedanke, daß es noch viel schöner wäre, wenn der Hochzeitstag schon da wäre. Dabei hatte er wieder an dem Knopf der Jacke gedreht. Das tat er nämlich immer, wenn er ungeduldig war, und das war auch der Grund gewesen, daß er den ersten Knopf verloren hatte.

Da hörte er die Glocken der Kirche läuten, und das Mädchen stand in einem weißen Kleid und Schleier neben ihm. Alle Verwandten und viele Freunde waren auf der Hochzeit, und es ging laut und lustig her.

Da wurde der junge Ehemann wieder ungeduldig und drehte an dem Knopf und dachte: Wenn doch die ganze Hochzeit schon vorüber wäre und meine junge Frau und ich allein wären. Da saß er schon allein mit ihr, und alle Leute waren fort. Am nächsten Morgen beim Frühstück dachte er — seine Finger drehten wieder an dem Knopf —: Wenn doch das neue Haus schon fertig wäre und die Bäume im Garten schon Obst trügen. Da war es Herbst, die Sonne schien zum Fenster hinein, in ein schönes neues Wohnzimmer. Vom Fenster aus konnte man im Garten die schönsten Obstbäume sehen, an denen Äpfel, Birnen und Pflaumen schwer hingen. Aber das

Haus kam ihm groß und leer vor; so dachte er: Jetzt fehlen nur noch die Kinder. Wie gewöhnlich drehte er an dem Knopf. Da war er älter und Vater, und seine Kinder waren um ihn.

Und so war er immer ungeduldig und wünschte sich immer etwas Neues, ohne rechte Freude an dem zu haben, was der Augenblick ihm brachte. Ohne daß er es merkte, hatte seine Ungeduld ihn an das Ende seines Lebens gebracht. Da erschrak er. Wie dumm er doch gewesen war! Jetzt konnte er nichts anderes mehr von der Zukunft erwarten als den Tod. Wenn er die Zeit doch ein wenig zurückdrehen könnte, dachte er, wie zum Beispiel diesen Knopf! Dabei fing er an, den Knopf nach der anderen Seite zu drehen.

Da wachte er auf. Er saß noch auf der Bank, und das Mädchen war noch nicht da. Aber er wartete jetzt ganz gerne und freute sich auf ihr Kommen.

Frei nacherzählt nach HEINRICH SPOERL (1887–1955)
Zum Nacherzählen (Umriß, S. 83)

Er sah vor sich hin.	He looked straight in front of him.
Es ging lustig her.	There was a lot of fun and games.
Die Sonne schien zum Fenster hinein.	The sun shone through the window.
Ohne daß er es merkte, hatte seine Ungeduld . . .	Without his noticing it his impatience had . . .
Er freute sich auf ihr Kommen.	He was looking forward to her coming.

47

34 *Beinahe zu weit getrieben*

Ein ausländischer Schüler war seit kurzer Zeit in einer deutschen Schule, wo er ein Jahr lang bleiben sollte. Als er noch klein war, wohnten seine Eltern in den Südseeinseln, und dort hatte er von den Kindern der Einwohner gelernt, wie ein Fisch zu schwimmen. Es war Roberts Traum, einmal ein Meister im Schwimmen zu werden und vielleicht auf den Olympischen Spielen einmal die goldene Medaille zu gewinnen.

Eine Gruppe von Schülern aus seiner Klasse waren mit einem Lehrer für ein paar Tage an die See gefahren. Als die Schüler das erstemal zum Baden gingen, wollte Robert sich einen kleinen Spaß machen. Niemand in der Klasse wußte, daß er so gut schwimmen konnte. Als nun mehrere Schüler zusammen auf dem Sprungbrett standen, sagte Robert, er habe eigentlich Angst vor dem Wasser und könne nicht tauchen. Die Schüler lachten und sagten: „Das ist doch ganz leicht, du mußt es hier lernen", und jeder wollte ihm zeigen, wie man taucht. Dabei verlor ein Schüler das Gleichgewicht und stieß Robert aus Versehen an. Robert aber tat, als habe er auch das Gleichgewicht verloren. Er stieß einen kleinen Schrei aus, fiel ins Wasser, und dann war er sofort verschwunden.

Alle sahen Robert nach und warteten, daß er wieder hochkommen sollte. Aber nichts geschah, von Robert war keine Spur zu sehen. Als Robert nicht wieder hochkam, sprangen ein paar der Schüler ins Wasser, um Robert zu helfen. Aber sie konnten Robert nicht finden. Da fingen die Jungen an, Angst zu haben, daß Robert vielleicht etwas passiert sei. Ein paar Jungen rannten, um den Lehrer zu holen. Die anderen standen da und sahen immer wieder auf die Stelle, wo Robert verschwunden war. Ein paar Jungen sprangen wieder ins Wasser und suchten, ob sie Robert vielleicht doch noch finden könnten.

Robert aber war unter Wasser um einen Felsen herumgeschwommen und hatte sich flach auf den Sand in die Sonne gelegt. Wenn er seinen Kopf hob, konnte er seine Kameraden sehen, und sie hätten ihn auch sehen können, wenn sie nur zu ihm herübergeblickt hätten. Sie standen aber auf dem Sprungbrett und sahen nur hinunter ins Wasser. Er sah jetzt, wie ein paar Schüler fortliefen. Es schien ihm nun Zeit, zurückzuschwimmen und dem Spaß ein Ende zu machen. Er schwamm wieder unter Wasser um den Felsen herum, zurück zu der Stelle, wo er unter dem Sprungbrett ins Wasser gefallen war. Die Schüler machten große Augen, als sie Robert im Wasser entdeckten, gerade als auch der Lehrer kam. Robert rief: ,,Puh, das Wasser ist aber tief hier, ich glaubte, ich würde nie wieder hochkommen.''

Zum Nacherzählen (Umriß, S. 83)

Das war zu weit getrieben.	That was going too far.
Er war seit kurzer Zeit in einer deutschen Schule.	He had been a short time in a German school.
Als sie zum Baden gingen, . . .	When they went bathing . . .
Er hatte Angst vor dem Wasser.	He was afraid of the water.
Sie hätten ihn sehen können.	They could have seen him.
Sie machten große Augen.	They opened their eyes wide.

35 Der Karren

„DA fehlt ja ein Karren, Lorenz. Wo ist denn der Karren?"

„Der ist noch im Park, Herr Hage. Das neue Pferd wollte gestern abend den Karren nicht vorwärts ziehen. Es drückte immer nach rückwärts, und wir hatten unsere liebe Not mit ihm. Es war dunkel geworden, und da haben wir das Pferd ausgespannt und den Karren am Teichufer stehen lassen. Wir hatten Angst, das Pferd würde den Karren in den Teich schieben."

„Holen Sie das Pferd! Wir haben das Pferd doch für die Karren gekauft. Kommen Sie mit!" . . .

„So, da ist ja der Karren. Spannen Sie das Pferd vor, Lorenz!"

Lorenz spannte das Pferd vor, und es war genau so wie gestern abend. Das Pferd war störrisch wie ein Esel und wollte nicht vorwärts gehen. Da sah Herr Hage, daß eine dicke Baumwurzel vor dem Rad des Karrens lag. Er nahm seinen Stock und wollte helfen, das Pferd aber schien Angst vor dem Stock zu haben. Es wurde nervös, drückte rückwärts, der Karren überschlug sich, fiel in den Teich und riß das Pferd mit sich. Das alles dauerte nur ein paar Sekunden.

„Schnell! Springen Sie dem Pferd nach, Lorenz!"

Aber der Arbeiter sagte nur: „Springen Sie doch, Herr Hage, ich kann nicht schwimmen."

Ich muß ein gutes Beispiel geben, dachte Herr Hage, und sprang ins Wasser. Und dann fiel ihm ein, daß er ja auch nicht schwimmen konnte. Er konnte jedoch gerade noch einen Teil des Karrens fassen, und es gelang ihm, sich auf den schwimmenden Karren zu ziehen. Da sah er, wie das Pferd anscheinend müde wurde. Es ließ den Kopf mehrere Male ins Wasser sinken. Herr Hage hatte Angst um sein Pferd. Es gelang ihm, das Pferd vom Karren freizumachen, und es schwamm sofort ans Ufer. Herr Hage sah dem Pferd nach. Das Pferd hat's aber gut, dachte er. Es sieht so leicht aus. Er aber stand beinahe bis zum Hals im eiskalten Wasser, und der scharfe Märzwind blies über ihn hin. „Sehen Sie nach dem Pferd!" rief er Lorenz zu. „Und holen Sie ein paar Arbeiter zur Hilfe! — Laufen Sie so schnell Sie können!" rief er ihm noch nach. Lorenz lief, und bald kamen ein paar Arbeiter mit Leitern und Stangen, und Herr Hage konnte ans Land gezogen werden.

Gerade als er naß wie ein Pudel ins Gutshaus zurückging, sah seine Frau ihn hereinkommen.

„Ja, um Gottes willen, Bernhard, was ist denn passiert?" rief sie.

„Nichts Besonderes, Marly", sagte Herr Hage. „Ich bin bloß ein bißchen in den Teich gesprungen."

„Komm schnell herein! Geh in die Küche und zieh die nassen Kleider aus!" Während sie die Treppe hinaufstürzte, befahl sie dem Mädchen, ein heißes Bad zu bereiten und der Köchin, eine heiße Zitrone für Herrn Hage nach oben zu bringen. Sie bat ihre Mutter, die ihr auf der Treppe entgegenkam, die Kognakflasche für ihren Mann zu holen. Und noch ehe Herr Hage aus seinen nassen Kleidern heraus war, war sie schon wieder mit seinem Schlafrock unten. Herr Hage trank nicht ohne Vergnügen ein Gläschen Kognak, und — „auf einem Bein kann man doch nicht stehen", sagte er — Ruck! — noch ein zweites Gläschen. Dann verschwand er mit der Flasche Kognak im Arm und einem Glas heißer Zitronenlimonade in der Hand im Badezimmer.

Als seine Frau nach einiger Zeit sehen wollte, ob sie ihrem Mann helfen könne, traf sie ihn schon auf der Treppe, wieder zum Ausgehen angezogen.

„Aber, Bernhard. Du mußt doch ins Bett gehen, sonst wirst du ja krank."

„Nein, Marly, mir ist wieder ganz schön warm. Ich muß noch mal aufs Feld nach der Arbeit sehen. Gib mir lieber zur Sicherheit noch ein Gläschen Kognak, das ist viel besser in einem solchen Fall.

„Ist die Kognakflasche noch im Badezimmer?"

„Da ist ja nichts mehr drin. Nein, du mußt eine neue aufmachen."

„Ja . . . ist denn die ganze Flasche . . .?"

„Die ganze? Die war doch bloß halbvoll . . . noch nicht einmal halbvoll!"

Frau Hage schüttelte den Kopf und sagte nur: „Diese Männer!", und Frau Hages Mutter ging und holte eine neue Flasche und schenkte ihm ein Glas ein. Herr Hage trank — Ruck! — das Glas mit einem Zuge aus, setzte den Hut ein wenig schräg auf, gab seiner Frau einen freundlichen Klaps,[1] lächelte Frau Hages Mutter zu und ging mit festen Schritten aus dem Haus.

Ohne ein Wort zu sagen, ging Frau Hage zum Schrank, holte ein zweites Glas, schenkte Kognak in beide Gläser, gab eines ihrer Mutter und sagte dann: „Na, so was! Auf diesen Schreck müssen wir auch mal einen Kognak trinken", und sie trank ihr Glas — Ruck! — mit einem Zuge leer, wie sie es von ihrem Mann gesehen hatte. Frau Hages Mutter trank etwas vorsichtiger. Dann schüttelten sie sich beide, sahen sich an und lachten.

Im Park aber schwankte der Karren leise im Wasser. Auf dem Teil, der aus dem Wasser heraussah, saß ein Vogel und putzte sich die Federn in der Sonne. Unten im Wasser schwammen Fische zwischen den Stäben des Karrens ein und aus, wie Skiläufer im Slalom.[2]

---

[1] Der Klaps (-e), *slap*   [2] Der Slalom (-s), *slalom*

Wir hatten unsere liebe Not mit ihm.	We had no end of trouble with it.
Er hatte Angst um sein Pferd.	He was worried/anxious about his horse.
Das Pferd hat es gut.	The horse is well off.
Auf einem Bein kann man doch nicht stehen.	After all, one can't stop at one (drink).
Mir ist schön warm.	I am nice and warm.

36 Der Deichvogt[1]

IN einem kleinen netten Hotel in Bremen (Bremen ist nach Hamburg die größte deutsche Hafenstadt), fragten wir den Wirt:

„Hat Bremen in der Springflut von 1962 auch so gelitten, wie wir es von Hamburg in der Zeitung gelesen haben?"

Herr Hintertür, so hieß der Wirt — und er war ein richtiges Original — sagte:

„Nein, aber es fehlten nur noch acht Zentimeter, und Bremen wäre auch überschwemmt worden.[2] Aber wir haben hier gute Deichvögte. Manchmal sind alte, pensionierte Kapitäne Deichvögte. Diese alten Seebären sind Männer, gewohnt, Verantwortung zu tragen, gewohnt, Befehle zu geben und

---

[1] Der Deichvogt (˸e), *dyke-reeve*
[2] Bremen wäre überschwemmt worden, *Bremen would have been flooded*

gewohnt, daß man ihren Befehlen auch folgt. Sie sind unerschrocken und handeln schnell. Ein solcher Mann ist auch der Deichvogt von Elsfleth. Er kennt seinen Deich und weiß, was nötig ist, damit der Deich ein wirklicher Schutz gegen das Wasser der Weser ist. Die Weser war schon da, als es noch keinen Deich gab, die Weser wird noch da sein, wenn es keinen Deich mehr geben wird, die Weser hat Zeit und ist ewig. Aber solange der Deichvogt von Elsfleth in seinem Amt ist, soll das Wasser der Weser vergeblich gegen den Deich rollen, es wird keinen Schaden anrichten. Der Deichvogt wacht und weiß, was nötig ist. Er kennt auch das Wasser der Weser.

Im Jahre 1961 wußte der Deichvogt, daß der Deich an einer Stelle schlecht gebaut war. Der Deich war zu steil, und an einer Stelle, wo Ratten und Mäuse in dem Deich wohnten, könnte das Wasser einmal bei einer der großen Springfluten leichtes Spiel haben. So hatte der Deichvogt die Regierung um Geld für den Umbau des Deiches gebeten. Viele Bewohner waren gegen seinen Plan, weil sie fürchteten, daß sie dann Wiesen für ihre Kühe und Schafe verlieren würden.

Es dauerte eine lange Zeit. Dann hörte der Deichvogt endlich, daß die Regierung das Geld für den Umbau des Deiches nicht ausgeben wollte. Als der Deichvogt den Brief bekam, las er ihn und sagte nichts. Er nahm einen Schlafsack und etwas zum Essen und fuhr mit dem nächsten Zug nach Bonn. Dort ging er direkt in das Bundesverkehrsministerium[1] und sagte: ‚Ich will sofort den Minister sprechen.‘

Der Sekretär sagte natürlich, wie alle Sekretäre das tun: ‚Es tut mir leid, aber der Herr Bundesminister[2] ist nicht hier, er ist auf Reisen.‘

‚So, das habe ich mir schon gedacht‘, sagte der Deichvogt, ‚deshalb habe ich auch einen Schlafsack und Essen mitgebracht. Ich werde hier warten, bis der Minister wieder zurückkommt.‘ Damit rollte er den Schlafsack auf und machte es sich in einer Ecke des Zimmers bequem.

[1] Das Bundesverkehrsministerium, *Federal Ministry of Transport*
[2] Der Bundesminister, *Federal Minister*

Da fühlten sich der Sekretär und die anderen Leute im Ministerium gar nicht sehr wohl, denn der Deichvogt war ein großer, dicker Mann. Er sah nicht so aus, als ob man Spaß mit ihm treiben könnte. Er wog nämlich 300 Pfund und war sehr stark. Schon nach anderthalb Stunden war der Minister zufällig wieder da. Komisch, nicht wahr? Er ließ den Deichvogt auch sofort zu sich kommen. Als der Deichvogt das Bundesverkehrsministerium wieder verließ, hatte er einen Brief in der Tasche, der ihm all das Geld versprach, das er für den Umbau des Deichs brauchte.

Der Umbau des Deichs wurde sofort durchgeführt. Das war im November des Jahres neunzehnhundertundsechzig. Im Frühjahr des folgenden Jahres war es gerade dieser Deichumbau, der die Bremer Gegend vor dem Unglück der großen Springflut rettete, die einen Teil von Hamburg überschwemmte und soviel Schaden anrichtete.

Da waren dann alle Leute froh und lobten den weisen Deichvogt — auch die Leute, die vorher Angst um ihre Wiesen gehabt hatten. Von der Regierung sollte der Deichvogt einen Orden erhalten. Aber der Deichvogt lehnte den Orden ab. Er sagte: ‚Ich bekomme mein Gehalt bezahlt und habe nur das getan, was ich tun mußte. Geben Sie mir lieber noch mehr Geld für meine Deiche!' "

Zum Nacherzählen (Umriß, S. 83)

Es fehlten nur noch acht Zentimeter, und . . .	Eight centimetres more, and . .
Es tut mir leid.	I am sorry.
Das habe ich mir schon gedacht.	I thought that would be the case.
Er machte es sich (*dative*) **bequem.**	He made himself comfortable.
Er ließ ihn zu sich kommen.	He sent for him; he had him shown in.

37 Ein Regenschirm

HERR Otto Benecke mußte eines Tages plötzlich nach Hannover fahren. Es war zu spät, bei dem Reisebüro einen Platz zu bestellen. So sagte er zu einem Angestellten seines Büros: „Gehen Sie bitte zum Endbahnhof, lösen Sie eine Fahrkarte erster Klasse nach Hannover für mich! Gehen Sie so früh auf den Bahnhof, daß Sie vor der Ankunft des Zuges auf dem Bahnsteig sind. Steigen Sie mit meiner Fahrkarte in den Zug ein, nehmen Sie einen Fensterplatz in einem Raucherabteil! Ich sitze am liebsten mit dem Rücken zur Lokomotive. Fahren Sie bis zum Dammtorbahnhof[1] und warten Sie am Fenster auf mich! Ich komme mit einer Bahnsteigkarte, Sie geben mir die

[1] Bahnhof in Hamburg

Fahrkarte und nehmen meine Bahnsteigkarte, ich fahre nach Hannover und Sie gehen ins Büro zurück. Ist das klar?"

Das war sehr klar. Der Angestellte tat, was sein Chef ihm befohlen hatte. Am Dammtorbahnhof stieg Herr Benecke in den Zug ein, und der Angestellte stieg wieder aus, und der Zug fuhr ab.

Während der Reise las Herr Benecke in einem Buch. Als der Zug in Hannover hielt, nahm er seinen Koffer aus dem Netz und wollte aussteigen. Aber einer der Herren in dem Abteil rief ihn zurück und sagte: „Sie haben Ihren Schirm vergessen."

Nun war die Sache so: Herr Benecke konnte Regenschirme nicht leiden. Er nahm nie einen, auch wenn es sehr stark regnete, ja, er hatte nicht einmal einen Regenschirm. So sagte er nur: „Danke, das ist nicht mein Schirm." Aber der Herr sagte: „Dann gehört er sicher dem jungen Mann, der für Sie in Hamburg den Platz gehalten hat. Sie müssen ihn mitnehmen." Herr Benecke hatte wenig Zeit, er nahm also den Schirm, und kaum war er ausgestiegen, so fuhr der Zug auch schon weiter.

Er war ärgerlich über den Schirm. Während des Tages wurde er aber noch ärgerlicher, als er nämlich den Schirm überallhin mitnehmen mußte. Einmal ließ er ihn sogar stehen und mußte dann suchen, weil er nicht wußte, wo er den Schirm vergessen hatte.

Als er wieder in Hamburg war und in sein Büro kam, fand er, daß der Schirm dem Angestellten nicht gehörte. Er ging also am Abend mit dem Regenschirm nach Hause und nahm ihn mit in das Wohnzimmer. Seine Frau hatte gerade Besuch. Er sagte zu ihr: „Sieh mal, liebe Trude, wir haben einen Regenschirm geschenkt bekommen." Und dann erzählte er die Geschichte. Alle lachten herzlich darüber, und dann sagte der Besuch: „Du mußt den Regenschirm natürlich auf das Fundbüro der Polizei bringen. Der Eigentümer des Schirmes darf den Glauben an die Ehrlichkeit der Menschheit nicht verlieren."

Am nächsten Morgen ging Herr Benecke also zum Fundbüro. Es war geschlossen. Am folgenden Morgen war es offen. Er gab den Schirm ab, mußte auf viele Fragen antworten und ein langes Formular ausfüllen. Das alles kostete viel Zeit, mehr Zeit als er dadurch gespart hatte, daß der Angestellte die Fahrkarte für ihn gelöst hatte.

Einige Monate waren vergangen. Herr Benecke hatte die Geschichte mit dem Regenschirm schon lange vergessen. Da bekam er eines Morgens einen Brief vom Fundbüro: Der Eigentümer habe den Schirm nicht abgeholt. Der Schirm gehöre nun dem Finder. Herr Benecke solle den Schirm binnen acht Tagen im Fundbüro abholen. Als Herr Benecke den Brief gelesen hatte, sagte er etwas, was glücklicherweise niemand hörte, weil er allein im Zimmer war.

Zum Nacherzählen (Umriß, S. 84)

Ich sitze am liebsten mit dem Rücken zur Lokomotive.	I prefer to sit with my back to the engine.
Wir haben es geschenkt bekommen.	We have got it as a present; we have been given it as a present.

EINIGE Zeit danach mußte Herr Benecke wieder eine Reise machen. Diesmal mußte er mit einem gewöhnlichen Personenzug fahren, der auf jeder Station hielt. Ihm gegenüber saß ein Herr im Abteil, der in einem Buch las. Neben dem Herrn stand ein Regenschirm an der Bank. Herr Benecke las in einer Zeitung. Als der Zug das erstemal mit einem Ruck hielt, fiel der Regenschirm des Herrn auf die gegenüberliegende Seite des Abteils und blieb neben Herrn Benecke stehen. Dieser sah von seiner Zeitung auf, nahm den Schirm und gab ihm dem Herrn gegenüber zurück. Der Herr sah von seinem Buch auf, nahm den Schirm, dankte, stellte ihn wieder an seine Seite an den alten Platz zurück. Dann lasen beide weiter, Herr Benecke in seiner Zeitung, der Herr in seinem Buch. Auf der nächsten Station ging es wieder so: Ruck — und wieder stand der Schirm bei Herrn Benecke. Dieser stellte den Regenschirm an seinen Platz zurück, der Herr sah von seinem Buch auf, lächelte, dankte und beide lasen weiter, der Herr in seinem Buch, Herr Benecke in seiner Zeitung.

Und so ging es auf jeder Station: Ruck! Wieder stand der Schirm bei Herrn Benecke. Nur die Zeremonie des Zurückgebens wurde immer kürzer. Schließlich sah Herr Benecke gar nicht mehr von seiner Zeitung auf, sondern stellte den Regen-schirm automatisch wieder zurück, und der Herr sah auch nicht mehr von seinem Buch auf, las ruhig weiter und bemerkte nichts.

Herr Benecke sah jetzt auf die Uhr. Ja, gleich mußte der Zug halten, er war an seinem Ziel angekommen. Er faltete die Zeitung zusammen und sah nun, daß er allein im Abteil war Das heißt, er war nicht ganz allein. Ihm gegenüber stand der Schirm, den er auf der letzten Station wieder automatisch zurückgestellt hatte. Da sagte Herr Benecke wieder etwas, was glücklicherweise niemand hörte. Er nahm den Schirm und stieg aus.

Als er von der Reise zurück nach Hause kam, sah seine Frau zuerst den Regenschirm, und dann sah sie ihren Mann fragend an. „Ja, Trude", sagte er ganz ruhig. „Hier ist wieder so ein . . . dummer Schirm. Aber ich sage es dir gleich: ich gehe nicht wieder auf das Fundbüro, und wenn alle Eigentümer aller Schirme in der ganzen Welt ihren Glauben an die Ehr-lichkeit der ganzen Menschheit verlieren!"

Zum Nacherzählen (Umriß, S. 84)

39 Die gestrige Zeitung

Mann: Du, Frau, hat der Mann, der heute die gestrige Zeitung kaufen wollte, die Zeitung schon bekommen?
Frau: Dem hab ich's schon gegeben.
Mann: Die gestrige?
Frau: Nein, die heutige.
Mann: Ach! Der wollte doch die gestrige haben!
Frau: Die gestrige hab ich nicht gehabt, da hab ich ihm die heutige gegeben.
Mann: Wann?
Frau: Heute. Die gestrige habe ich ihm für morgen versprochen.
Mann: Ich auch! Dann brauchst du ihm die gestrige nicht besorgen, weil ich ihm dieselbe besorge.
Frau: Die gestrige können wir ihm beide nicht mehr besorgen, weil die Redaktion keine mehr hat. Dann muß halt der Mann eine vorgestrige nehmen.
Mann: Eine vorgestrige wird dem Mann doch nichts nützen!
Frau: Na, wenn er schon eine alte Zeitung will, dann ist doch eine vorgestrige n o c h älter als eine gestrige!
Mann: Du hast Ansichten! In der gestrigen Zeitung kann aber etwas gestanden haben, was in der vorgestrigen n i c h t gestanden hat, was nicht einmal in der heutigen steht!

Frau: Ja, ja! Das hat ja der Herr gesagt, und dann hat er mir die heutige abgekauft und hat gesagt: „Auweh,[1] da steht's nicht drin!" Wahrscheinlich hat das gestern dringestanden! — W a s dringestanden haben soll, das hat er mir nicht gesagt!!

Mann: Das steht dann sicher in der gestrigen drin!

Frau: Was?

Mann: Was der Mann in der heutigen gesucht hat.

Frau: Das glaub ich nicht, denn solche Sachen stehen oft gar nicht in der Zeitung!

Mann: Was für Sachen?

Frau: Na ja, so geheime Sachen!

Mann: Woher weißt du denn, daß der geheime Sachen sucht?

Frau: Na, wenn das nichts Geheimes wär, dann hätt er mir doch gesagt, was er sucht!

Mann: Was er sucht! — Wassersucht![2] — Wassersucht ist doch nichts Geheimes, das ist eine Krankheit. Natürlich liest man auch in der Zeitung von Heilmitteln. Vielleicht steht's in der morgigen Zeitung!

Frau: Die morgige gibt's doch heute noch nicht!

Mann: Aber morgen gibt's die heutige!

Frau: Aber der Mann will doch die gestrige!

Mann: Ach! — Du machst mich noch ganz wirr! Der Mann war doch gestern da, nicht heute! Und gestern wollte er die gestrige, also das ist in diesem Falle die vorgestrige.

Frau: Nein! — — — Das hat der Herr nur vermutet; er hat gemeint, wenn es nicht in der gestrigen steht, dann könnte es eventuell in der vorgestrigen stehen.

Mann: Du verstehst mich nicht! Sagen wir, der Mann wäre erst morgen gekommen und hätte die gestrige Zeitung wollen,[3] dann wäre die heutige Zeitung die gestrige gewesen, und die gestrige die vorgestrige. In Wirklichkeit

---

[1] Auweh, *Oh Lord!*
[2] Die Wassersucht, *dropsy*
[3] = hätte . . . haben wollen

aber wäre die vorgestrige die gestrige gewesen; hast du
das verstanden?

Frau *(ganz laut)*: Ja, nicht im geringsten!

Mann *(zornig)*: Das ist ja auch gar nicht wichtig! Der Herr
braucht die Zeitung, wo das drin steht.

Frau: Dann muß er d o c h in der vorgestrigen nachschauen!

Mann: Ja, steht's denn in der vorgestrigen?

Frau: Ja, das weiß doch i c h nicht, der Mann weiß es ja
s e l b s t nicht!

Mann: Ja, wenn er's selber nicht weiß, was drin steht, wie
sollen wir es denn wissen!

Frau: N a t ü r l i c h weiß er das, was drin stehen soll, nur
w o es drinsteht, in w a s für einer Zeitung, d a s weiß er
nicht! Zu mir hat er gesagt, in der gestrigen, . . .
Hallo! Hallo! — Sie, Herr! — Du, da ist der Herr! —
Sie, die gestrige Zeitung hab ich leider nicht mehr
bekommen, wo das drin stehen soll, was Sie suchen . . .

Herr: Ach, das ist nicht so wichtig, — ich hab nur wissen
wollen, was im Zoologischen Garten der Eintritt
kostet!

KARL VALENTIN (1882–1948)

Das wird ihm doch nichts nützen.	But that won't be of any use to him.
Was drin (= darin) gestanden haben soll, das hat er nicht gesagt.	What is supposed to have been in it he didn't tell me.
Nicht im geringsten.	Not in the least.

63

Fragen

4. (S. 3) Der Hut

1 Zu wem hat Wolfgang unbedingtes Vertrauen?
2 Auf wen ist er stolz?
3 Was kann der Vater aus einem leeren Hut nehmen?
4 Kann ein Taschentuch in der Nase sein?
5 Was kann der Vater tun?
6 Sind die Plätze am Fenster noch frei?
7 Was sieht der alte Herr?
8 Wie antwortet Wolfgang dem alten Herren?
9 Was soll Wolfgang tun?
10 Wohin wirft Wolfgang den Hut des Herrn?
11 Warum soll der Vater in die Hände klatschen?

5. (S. 4) Erlebnis mitten in der Nacht

1 Was soll Erich tun?
2 Wie lauschen beide?
3 Was hören sie die Treppe heraufkommen?
4 Wie kommt der Einbrecher die Treppe herauf?
5 Was tun beide gleichzeitig?
6 Was ziehen sie an?
7 Wonach sehen sich beide im Schlafzimmer um?
8 Was hat Helga auf dem Nachttisch stehen?
9 Warum nimmt sie die Flasche in die Hand?
10 Was ist noch zufällig von gestern im Schlafzimmer?
11 Wonach greift Erich?
12 Wer steht vor ihnen?
13 Was wollte er nur mal sehen?

7. (S. 5) Am Fahrkartenschalter

1 Wo kauft man Fahrkarten?
2 Wohin will der Mann fahren?
3 In was für einem Abteil will der Mann fahren?
4 In welcher Klasse will der Mann fahren?

5   Dürfen Raucher in der ersten Klasse fahren?
6   Braucht man eine besondere Karte für ein Raucherabteil?
7   Dürfen Raucher umsonst fahren?
8   Darf man mit einer gewöhnlichen Karte in ein Abteil erster Klasse einsteigen?
9   Muß man in einem Raucherabteil rauchen?
10 Ist der Herr ein Raucher?

8. (*S. 7*) *Der Volkswagen und der Elefant*

1   Was hat Herr Günther?
2   Was tut Herr Günther eines Tages?
3   Was sieht Herr Günther, als er zur Hauptstraße kommt?
4   Was muß Herr Günther tun?
5   Wie heißt ein schwarzes Pferd?
6   Wie lange sieht Herr Günther dem Pferd nach?
7   Wie wird es abwechselnd in seinem Wagen?
8   Was steht plötzlich vor seinem Wagen?
9   Worauf setzt sich der Elefant?
10 Wer kommt gelaufen?
11 Wie sieht der Dressierstuhl des Elefanten aus?
12 Wovon will sich Herr Günther erholen?
13 Was tut er, ohne es zu wissen, im Wagen?
14 Was tut der Motor?
15 Wo ist der Motor im Volkswagen?
16 Warum drehen sich alle Leute um?
17 Wer hält den Wagen später an?

9. (*S. 9*) *Die Eule*

1   Wie lange hat es geregnet?
2   Wann hört der Regen plötzlich auf?
3   Warum kann man das Ufer des Sees jetzt deutlich sehen?
4   Wozu sind Stina und Peter bereit?
5   Was finden sie im nassen Gras?
6   Warum kann die Eule nicht fliegen?
7   Warum soll man Eulen nicht mit bloßen Händen anfassen?
8   Was wirft Peter über die Eule?

9   Was tut Stina am Telefon?
10 Wie muß man einer Eule Wasser geben?
11 Was hat Stina schon für morgen eingekauft?
12 Wie schneiden sie das Fleisch?
13 Womit füttern sie die Eule?
14 Wie ist das Licht der Abendsonne?
15 Warum zieht Peter Handschuhe an?
16 Wohin gehen sie mit der Eule?
17 Wer kommt bald?
18 Wie kann Peter rufen?
19 Was tun die Eulen dann?
20 Worauf warten Stina und Peter eines Abends vergebens?

10. (*S. 12*) *Nicht so einfach*

1   Was ist eine Katze?
2   Was ist ein Rotkehlchen?
3   Ist der Regenwurm ein Insekt?
4   Was tut ein Rotkehlchen mit einem Regenwurm?
5   Wer frißt das Rotkehlchen?
6   Was geschieht mit der Katze?

11. (*S. 12*) *Der Schwierige*

1   Wo ist der Schwierige?
2   Was kann der Schwierige nicht essen?
3   Was bringt der Kellner?
4   Kann der Gast diese Suppe essen?
5   Womit ißt man Suppe?

12. (*S. 13*) *Der Dackel Kuno*

1   Wie sieht Kuno eigentlich aus?
2   Wie sind seine Haare?
3   Wann muß man ihn einfach gern haben?
4   Was für eine Eigenschaft hat Kuno?
5   Wann gehorcht ein richtiger Dackel nur?
6   Was tut der Dackel auf der Wiese?
7   Was tut Kuno, wenn Frau Bach ihn zurückruft?

8 Wann macht Frau Bach noch einen Spaziergang?
9 Wann kommen Rehe und Hasen aus dem Wald ins Freie?
10 Wo spielen Jörg und Helmut?
11 Wo hält Kuno sein Mittagsschläfchen
12 Was tut Kuno sehr oft?
13 Wo findet Frau Bach den Dackel?
14 Wer ruft „Omi"?
15 Woher kommt die Stimme?
16 Was bemerkt Frau Bach zwischen dem Koffer und dem Deckel?
17 Was kann so in den Koffer kommen?
18 Was will Frau Bach holen?
19 Wie kommen die Kinder aus dem Koffer heraus?
20 Wohin geht Frau Bach mit den Kindern, dem Dackel und dem Stöckchen?

13. *(S. 15) Der Neugierige*
1 Wo sitzen die Reisenden?
2 Wozu hat niemand Lust?
3 Wer steigt jetzt ein?
4 Wohin fährt der Herr, der gegenüber sitzt?
5 Wie wird der Herr nach den vielen Fragen?
6 Leben die Eltern des Herrn noch?
7 Wieviel Kinder hat der Herr?
8 Was hat seine Frau morgen?
9 Was für Stunden hat sie augenblicklich?
10 Was tun die Leute im Abteil?
11 Was will der Neugierige noch wissen?
12 Wie heißt der Herr?

14. *(S. 16) Klassenlose Gesellschaft*
1 Auf welcher Straße fahren die drei Wagen nach Köln?
2 Welches Tempo fahren sie?
3 Was ist unmöglich?
4 Was erreichen sie zusammen?
5 Auf was für eine Straße kommen sie dann?

6   Wie schnell darf man auf der ganzen Strecke fahren?
7   Was ist sehr streng?
8   Was haben sie in der Kölner Straße vor sich?
9   Wie fährt man auf der Koblenzer Straße nebeneinander?
10 Was müssen die beiden anderen Wagen tun?
11 Welches Auto kommt zuerst am Bundeshaus an?
12 Wo ist das Bundeshaus?

15. (S. 18) Feine Leute, 1200 Meter hoch

1   Wo sitzen die Leute?
2   Welche Jahreszeit ist es?
3   Was gibt es ringsum im Winter?
4   Was gibt es sonst noch ringsum?
5   Was tun die Leute immer?
6   Was hüpft durch den Tannenwald?
7   Wo tanzen die Leute Blues?
8   Wofür schwärmen die Leute?
9   Woher kennen die Leute die Umgebung nur?
10 Wovon sprechen sie viel?
11 Was haben die Leute an?
12 Was wollen sie tun?

17. (S. 19) Schlau

1   Wer sollte geprüft werden?
2   Und wer prüfte die Anfängerklasse?
3   Was für eine zweistellige Zahl nannte der Junge?
4   Was schrieb der Prüfer an die Tafel?
5   Wie sah Franz zu?
6   Was konnte der Prüfer nicht?
7   Wie sollte der Prüfer 55 an die Tafel schreiben?

18. (S. 20) Im Park

1   An was für einem Baum stand ein ganz kleines Reh?
2   Bewegte es sich?
3   Wie spät war es da?
4   Wann kam Ringelnatz wieder vorbei?

5   Was tat das Reh immer noch?
6   Wie schlich sich Ringelnatz an den Baum?
7   Was tat er kaum?
8   Was gab er dem Reh?
9   Woraus war das Reh?

19. (*S. 21*) *Man kann nie wissen*

1   Wie spät war es?
2   Wer kam von der einen Seite der Straße?
3   Und wer kam von der anderen Seite?
4   Wovon sprang der Radfahrer ab?
5   Woran lehnte er das Rad?
6   Wohin kletterte er vom Sattel?
7   Wozu gehörte die Mauer?
8   Warum stieg der Mann über die Mauer?
9   Wann merkt es keiner?
10 Wo sollte der Herr das Rad abgeben?
11 Wohin steckte der Herr die Zigarre?
12 Was fanden die Soldaten nicht ungewöhnlich?
13 Wer kam am nächsten Tag bei der Inspektion zu dem Soldaten?
14 Was gab der General dem Soldaten?
15 Was hatte der General nicht getan?

20. (*S. 22*) *Eben nicht*

1   Was hatte Dr. Herzog von seinem Vater geerbt?
2   Wie war der Stock?
3   Wann nahm ihn der Doktor?
4   Was tat er einmal mit dem Stock?
5   Was hängte er in sein Fenster?
6   Was sollte der Finder mit dem Stock tun?
7   Wieviel Tage vergingen?
8   Wie fühlte sich der Doktor nach kurzer Zeit?
9   Woran gewöhnte er sich?
10 Worüber nur war der Doktor traurig?
11 Wer stand eines Tages vor der Haustür?

12 Worüber freute sich der Doktor?
13 Was wollte der Doktor dem jungen Mann als Belohnung schenken?
14 Was wollte kein Juwelier tun?

21. (S. 24) Tinken

1 Was bestellten die Leute bei der Kellnerin Rosel?
2 Wo war Rosel Kellnerin?
3 Was wollte der Gast im Gasthaus tun?
4 Worauf mußte der Gast lange warten?
5 Wie war der Gast durch die sonderbaren Bestellungen geworden?
6 Wie wurde Katinka immer von den Leuten genannt?
7 Was war Tinken?
8 Wovon wurde der Schulbus einmal im Winter überrascht?
9 Wo blieb der Bus stecken?
10 Wieviel Kinder waren in dem Bus?
11 Wie mußte Tinken manchmal kriechen?
12 Wovor hatte Tinken die Kinder gerettet?
13 Was mußte Tinken aber abgenommen werden?
14 Was soll sie heute in Innsbruck bekommen?
15 Wofür sammelte man Geld in der kleinen Schachtel?
16 Was bestellte der Gast bei Rosel?

22. (S. 26) Das Gespenst

1 Wo war die junge Dame einmal eingeladen?
2 Was fragte die Dame, als ihr das Haus gezeigt wurde?
3 Was hatte die Dame bemerkt?
4 Was hörte sie zufällig am Nachmittag im Dorf?
5 Um wieviel Uhr kam das Gespenst ins Turmzimmer zur Tür herein?
6 Wo war das Turmzimmer?
7 Wozu wurde das Turmzimmer nicht mehr benutzt?
8 Was nahm die junge Dame mit, als sie über den Gang zum Turmzimmer ging?

9   Was machte sie im Turmzimmer frei?
10 Wann wachte sie auf?
11 Was sah sie nach kurzer Zeit?
12 Wann fiel sie in Ohnmacht?
13 Warum zitterte sie am ganzen Körper vor Kälte?
14 Was konnte sie ganz klar sehen?
15 Wann schlief sie wieder ein?
16 Was für eine Absicht hatte sie?
17 Was trank sie zum Frühstück?
18 Wer kam auch zum Frühstück ins Eßzimmer?
19 Was war schade?
20 Warum war der junge Mann nachts aufgestanden?
21 Und was hatte er dann getan?

23. *(S. 28) Eine sonderbare Situation*

1   Was holte der Arzt aus der Garage?
2   Was mußte er jetzt tun?
3   Wen sah er gegen das Ende des Dorfes auf der Straße
    stehen?
4   Was tat die Frau?
5   Was dachte der Arzt?
6   Was hatte der Arzt noch im Wagen?
7   Wohin sollte die Frau die Tasche stellen?
8   Was sah der Arzt?
9   Wo sollte die Frau im Wagen sitzen?
10 Wo hielt der Arzt noch einmal an?
11 Was ließ er offen stehen?
12 Aus welchem Neustadt kam die Frau?
13 Wie fuhren sie weiter?
14 Was beobachtete der Arzt im Spiegel?
15 Was sah der Arzt im Spiegel auf der Straße kommen?
16 Was taten die Polizisten?
17 Was sollte die Frau hochhalten?
18 Was war die alte Frau?
19 Was war in der Tasche?
20 Was tat die Polizei schon lange?

24. (S. 31) Der Gast

1   Wo mußte Herr Schrader ein Jahr bleiben?
2   Wann ging er mit seiner Frau und Richard in die Berge?
3   Warum war es dort viel gesünder?
4   Was war das für Richard?
5   Um was bat Richard seine Eltern eines Morgens beim Frühstück?
6   Was wollte Richard von nun an immer auf der Veranda tun?
7   Was entstand jeden Morgen?
8   Wie ging Richard immer auf die Veranda hinaus?
9   Worüber wunderten sich die Eltern?
10 Wohin ging die Mutter leise?
11 Was lag neben Richards Teller?
12 Was hielt Richard der Kobra hin?
13 Was tat die Schlange, wenn der Teller leer war?
14 Wann ließ er die Hand wieder sinken?
15 Wie wandte er sich dann um?

25. (S. 33) Der Forscher

1   Was wollten die Gäste tun?
2   Wann ist Herr Kellinghausen die Treppe hinaufgegangen?
3   Wo war Herr Kellinghausen?
4   Was bedeckte die ganze Wand seines Arbeitszimmers?
5   Wieviel Erdteile konnte man auf der Karte sehen?
6   Was war auf der Karte von Südamerika?
7   Was wußte Frau Kellinghausen nun?
8   Wie oft war Herr Kellinghausen schon krank nach Hause gekommen?
9   Was sah Frau Kellinghausen ein halbes Jahr später auf dem Bahnhof?
10 Was bekam Frau Kellinghausen regelmäßig?
11 Warum sollte Frau Kellinghausen keine Angst haben?
12 Warum sollte Frau Kellinghausen den Daumen halten?
13 Was für Berichte kamen?
14 Wer hatte ihren Mann endlich erreicht?

15 Was wollten die Gäste feiern?
16 Wo fand Frau Kellinghausen ihren Mann?
17 Wie sah Herr Kellinghausen zum Mond auf?

26. (*S. 35*) *Heimkehr mit Hindernissen*

1 Warum wollte niemand in dem Haus wohnen oder es kaufen?
2 Was gibt es jetzt in dem Haus?
3 Welche Wohnung hatten Helene und Simon?
4 Wohin stellten Helene und Simon das Gepäck?
5 Was suchte Simon im Auto in der Garage?
6 Wie wollte Simon versuchen, in die Wohnung zu kommen?
7 Was fand er auf der anderen Seite des Hauses?
8 Was merkte Simon nicht auf der Leiter?
9 Wie sahen die Schornsteine auf dem Dach aus?
10 Was fand Simon in einer Ecke zwischen zwei Schornsteinen?
11 Wo war Simon schon angekommen?
12 Warum ging er schnell durch die Wohnung, ohne Licht zu machen?
13 Wohin war Simon gegangen?
14 Was hörten Helene und Simon plötzlich?
15 Was mußte Simon tun, als er auf seinen Balkon kam?
16 Warum ging Simon schnell auf seine Frau zu?
17 Was trugen sie in die Wohnung?
18 Was war in dem Koffer, den Simon fallen ließ?
19 Warum ging Helene in die Küche?
20 Wie lachten die beiden zum Schluß?

27. (*S. 39*) *Eisenbahngespräch*

1 Was tat der junge Matrose?
2 Wovon erzählte er den anderen Reisenden im Abteil?
3 Warum hörten sie ihm alle zu?
4 Was war der Vater von dem Matrosen gewesen?
5 Wohin wurde das Schiff seines Großvaters getrieben?

6 Welchen Rat (*advice*) gab die Dame dem Matrosen?

7 Was fragte der Matrose die Dame?

8 Wo war der Großvater der Dame gestorben?

9 Was für einen Rat gab der Matrose der Dame?

10 Was taten dann alle Reisenden und die Dame auch?

28. (*S. 40*) *Weiße Mäuse*

1 Was sah ein Mann in einem Schaufenster?

2 Wen kannte der Mann in seinem Dorf?

3 Wie ging er in den Laden?

4 Warum ging er in eine Konditorei dem Bahnhof gegenüber?

5 Was fand er dort?

6 Warum aß der Mann keine Schlagsahne?

7 Was holte er sich noch?

8 Was fragte ihn eine der Frauen?

9 Was tat die Frau und wie wurde der Mann?

10 Wo war es den Mäusen zu langweilig geworden?

11 Woran dachte der Mann gar nicht?

12 Warum öffnete der Mann die Schachtel?

13 Was geschah, ehe der Mann es noch merkte?

14 Was wollte der Mann mit den beiden letzten Mäusen tun?

15 Wohin setzte er je eine Maus?

16 Wozu wurde der Mann bei Gericht verurteilt?

17 Warum war der Mann ärgerlich geworden?

31. (*S. 44*) *Die Frösche*

1 Was war mit dem Teich geschehen?

2 Wer war in der Tiefe verloren?

3 Was durften die Frösche da unten nicht tun?

4 Wie wollten sie nachher singen?

5 Wann zerschmolz das Eis?

6 Was taten die Frösche dann?

7 Und wo landeten sie?

8 Sangen sie wie die Nachtigallen?

9 Von wem ist dieses Gedicht?

10 Wann wurde Goethe geboren?

32. (S. 45) Der Maler

1 Was bestellte der Kunstfreund bei dem japanischen Maler?

2 Was sollte auf dem Bild zu sehen sein?

3 Wann besuchte der Kunstfreund den Maler wieder?

4 Warum war das Bild noch nicht fertig?

5 Wieviel Zeit verging, bis der Kunstfreund wieder zu dem Maler ging?

6 Wie fragte der Kunstfreund den Maler nach dem Bild?

7 Wie lange sollte der Kunstfreund noch warten?

8 Wie zeichnete der Maler das Bild?

9 Wohin führte der Maler den Kunstfreund?

10 Was sah der Kunstfreund in dem Atelier?

33. (S. 46) Märchen

1 Auf wen wartete der junge Mann in dem Park?

2 Warum war er unzufrieden und langweilte sich?

3 Was fehlte an seiner Jacke?

4 Warum hatte er immer eine Nadel in der Tasche?

5 Wer stand vor ihm?

6 Was tat der junge Mann?

7 Was tat der junge Mann immer, wenn er ungeduldig war?

8 Wer war auf der Hochzeit?

9 Was dachte der junge Ehemann am nächsten Morgen beim Frühstück?

10 Was konnte man vom Fenster aus sehen?

11 Was hing an den Obstbäumen?

12 Was fehlte jetzt noch in dem großen Haus?

13 Woran hatte der junge Mann keine rechte Freude?

14 Was hatte er nicht gemerkt?

15 Was geschah, als er den Knopf zurückdrehte?

16 Was hatte er jetzt gelernt?

34. (S. 48) Beinahe zu weit getrieben

1 Wer sollte ein Jahr in einer deutschen Schule bleiben?
2 Von wem hatte er gelernt, wie ein Fisch zu schwimmen?
3 Was wollte Robert machen, als sie das erste Mal zum Baden gingen?
4 Was wollte ihm jeder der Schüler zeigen?
5 Warum verlor Robert das Gleichgewicht?
6 Worauf warteten die Schüler?
7 Warum sprangen ein paar Schüler ins Wasser?
8 Was aber hatte Robert getan?
9 Warum sahen die Schüler Robert nicht?
10 Wozu schien es nun ˙˙obert Zeit zu sein?
11 Wohin schwamm er?
12 Was machten die Schüler, als sie Robert im Wasser entdeckten?
13 Was rief Robert?

35. (S. 50) Der Karren

1 Wo war der Karren noch?
2 Was wollte das Pferd am vorigen Abend nicht tun?
3 Weshalb mußten die Arbeiter den Karren am Teichufer stehen lassen?
4 Wohin ging Herr Hage mit dem Arbeiter und dem Pferd?
5 Was geschah da?
6 Warum wollte der Arbeiter nicht in den Teich springen?
7 Was tat Herr Hage?
8 Was gelang Herrn Hage?
9 Was tat das Pferd, als Herr Hage es vom Karren freigemacht hatte?
10 Was befahl Herr Hage dem Arbeiter?
11 Wie wurde Herr Hage gerettet?
12 Wen traf Herr Hage, als er naß ins Gutshaus kam?
13 Was sollte Herr Hage nehmen?
14 Wo traf Frau Hage ihren Mann, als sie ins Badezimmer gehen wollte?

15 Warum wollte Herr Hage nicht ins Bett gehen?
16 Wie trank Frau Hages Mutter den Kognak?
17 Was taten dann beide Frauen?
18 Wo putzte ein Vogel seine Federn in der Sonne?
19 Wie schwammen die Fische zwischen den Stäben des Karrens aus und ein?

36. (S. 53) Der Deichvogt

1 Welche Stadt in Deutschland ist nach Hamburg die größte Hafenstadt?
2 Was war der Wirt des Hotels?
3 Was für Männer sind die Deichvögte?
4 Wann wird die Weser auch noch da sein?
5 Was wußte der Deichvogt im Jahre 1961?
6 Wo könnte das Wasser einmal bei einer großen Springflut leichtes Spiel haben?
7 Warum waren viele gegen den Umbau des Deiches?
8 Was hörte der Deichvogt nach langer Zeit von der Regierung?
9 Wohin ging der Deichvogt sofort in Bonn?
10 Auf wen wollte der Deichvogt im Ministerium warten?
11 Warum war allen im Ministerium nicht wohl?
12 Wann war der Minister wieder da?
13 Was hatte der Deichvogt in der Tasche, als er das Ministerium verließ?
14 Wovor wurde Bremen im Frühling des nächsten Jahres gerettet?
15 Was taten dann alle Leute?
16 Warum lehnte der Deichvogt einen Orden ab?
17 Was wollte er aber gerne haben?

37. (S. 56) Der Regenschirm

1 Wohin sollte der Angestellte gehen?
2 Was sollte er auf dem Bahnhof lösen?
3 Und was sollte er damit tun?
4 Wie wollte Herr Benecke auf den Bahnsteig kommen?

5   Was tat der Angestellte, als Herr Benecke in den Zug
    stieg?
6   Was wollte Herr Benecke in Hannover tun?
7   Warum rief ihn einer der Herren im Abteil zurück?
8   Was konnte Herr Benecke nicht leiden?
9   Wem konnte der Regenschirm wohl gehören?
10 Warum nahm Herr Benecke den Regenschirm?
11 Wann wurde Herr Benecke noch ärgerlicher über den
    Schirm?
12 Wo und mit wem fand er seine Frau, als er von der Reise
    zurückkam?
13 Wohin sollte Herr Benecke den Schirm bringen?
14 Warum mußte Herr Benecke zweimal auf das Fundbüro
    gehen?
15 Was mußte er auf dem Fundbüro tun?
16 Wem gehörte der Schirm nun?

38. (*S. 59*) *Und noch einer*
1   Wie mußte Herr Benecke diesmal fahren?
2   Was tat der Herr ihm gegenüber?
3   Wo blieb der Schirm stehen?
4   Was tat Herr Benecke mit dem Schirm?
5   Was tat der Herr?
6   Wie wurde die Zeremonie des Zurückgebens?
7   Was tat Herr Benecke schließlich?
8   Und was tat der Herr?
9   Was sah Herr Benecke, als er seine Zeitung zusammen-
    faltete?
10 Was tat Herr Benecke mit dem Schirm?
11 Was wollte Herr Benecke diesmal nicht tun?

Umrisse

4. (S. 3) Der Hut

Wolfgang — Vertrauen zum Vater — ist stolz — Flugzeug aus leerer Tasche — buntes Taschentuch aus der Nase — zaubern — Reise — Fensterplätze im Abteil besetzt — alter Herr — Wolfgang möchte aus Fenster sehen — Herr nimmt ihn aufs Knie — Wolfgang wirft Hut zum Fenster hinaus — Vater soll zaubern.

5. (S. 4) Erlebnis mitten in der Nacht

Helga weckt Erich — Schritte auf der Treppe — kommen näher — Einbrecher? — Revolver? — ziehen Schlafröcke an — Helga nimmt Flasche — Erich Hammer — öffnen Tür — Scheinwerfer blendet — Erich dreht Licht an — Polizist — Haustür offen — ist alles in Ordnung?

8. (S. 7) Der Volkswagen und der Elefant

Grüner Volkswagen — Zirkus durch Stadt — Herr Günther wartet — Pferde — schöner Rappen — hell — dunkel — Elefanten — Herr Günther springt aus Auto — Elefant setzt sich auf Haube — Wärter — Erklärung — Dressierstuhl sieht aus wie Haube des VW — setzt sich in Wagen — will sich vom Schreck erholen — Schalter arbeitet — Motor springt an — er fährt — Leute sehen nach — Polizist hält verbeulten Wagen an — betrunken! — mit zur Wache kommen.

9. (S. 9) Die Eule

Ganzen Tag Regen — gegen Abend hört auf — Spaziergang am felsigen Seeufer — etwas im Gras — Eule — Regenmantel darüberwerfen — scharfe Krallen — Stina ruft Leute an — was trinkt und frißt Eule? — Fleisch im Kühlschrank — klein schneiden — Wasser mit Löffel — Platz für die Nacht zum Trocknen — Boden — nächsten Morgen Eule trocken — bringen in Wald, wo wir sie fanden — setzen auf Baum —

Mutter von Olivia kommt sofort — Peter imitiert Eulenruf — Antwort von zwei Eulen — Viele Abende — eines Abends keine Antwort — Erlebnis zu Ende.

12. (S. 13) Der Dackel Kuno

Kuno nicht schön — gehorcht aber — auch wenn hinter Rehen und Hasen herläuft — Frau Bach hält Mittagsschläfchen — Kuno auch im Körbchen — Frau Bach hört Bellen — findet Dackel bei Garage — geht hinein — Kinder im Koffer — kleines Stöckchen guckt heraus — holt Hilfe — Arbeiter öffnen Koffer — Kinder erschöpft aber glücklich — alle gehen ins Haus — Stöckchen wird auch mitgenommen.

13. (S. 15) Der Neugierige

Reisende im Eisenbahnabteil — heißer Tag — niemand spricht — Herr steigt ein — stellt einem anderen viele Fragen — dieser wird ungeduldig: verheiratet, drei Kinder, Geburtstag der Frau, Brille, Fahrstunden — mehr wissen? — Ja, Namen.

19. (S. 21) Man kann nie wissen

Mitternacht — Radfahrer — Herr von der anderen Seite — Radfahrer klettert auf den Sattel — auf Mauer — bittet den Herrn, Rad am Eingang der Kaserne abzugeben — Zigarre — nicht ungewöhnlich — Inspektion — General zieht Zigarre aus Tasche — gibt sie dem Radfahrer — geht weiter.

20. (S. 22) Eben nicht!

Dr. Herzog — Spazierstock geerbt — altmodisch — geht immer damit spazieren — verliert ihn — Zettel in Fenster — Finder soll Stock im Haus abgeben — niemand meldet sich — braucht Stock nicht mehr — nur traurig über unehrliche Menschen — junger Mann klingelt — Stock — gibt ihn dem Finder als Belohnung — Juwelier wird Geld für goldenen Knauf geben — keiner wollte einen Pfennig dafür geben.

21. (S. 24) Tinken

Spaziergang bei Schneewetter — Gasthaus sehr voll — alle
bestellen etwas und dasselbe für Tinken — Kellnerin Rosel
kommt — wer ist Tinken? — Omnibusschaffnerin im Schulbus — Schneesturm — Meilen zu Fuß durch Schnee — Kinder gerettet — Füße erfroren — abgenommen — Schachtel —
Geld für neue Prothesen — Mittagessen, und eins für Tinken.

22. (S. 26) Das Gespenst

Einladung aufs Land — Haus aus dem 15. Jahrhundert —
Gastgeber beantwortet Frage nicht — Dame hört im Dorf von
dem Gespenst — Turmzimmer, 3 Uhr nachts — sucht, findet
Turmzimmer — Schlafzimmer — Plan — alles still im Gutshaus — Bettücher und eine kleine Flasche Rum — macht Bett
im Turmzimmer — Mondschein — Tür geht auf — Gestalt
greift nach ihr — Ohnmacht — Frühstück — junger Mann
— kalt in der Nacht — nicht geschlafen — Decke aus Turmzimmer geholt.

23. (S. 28) Eine sonderbare Situation

Sprechstunde zu Ende — Wagen aus Garage — Ende des
Dorfes — alte Frau will mitfahren — schwere Tasche — Arzt
klappt Vordersitz zurück — kauft Zigaretten — fahren weiter
— Frau will nicht gern sprechen — Arzt beobachtet Wagen im
Spiegel — Polizeiauto holt ihn ein — hält an — Polizist öffnet
Tür — Hände hoch! — reißt Kopftuch herunter — keine Frau
— Mann — lange gesucht.

24. (S. 31) Der Gast

Ein Jahr in Indien — heiße Zeit — in die Berge — gesünder
— Frühstück — Zeremonie: Teller Brei — Mutter erlaubt —
geht auf Veranda — eines Tages doppelte Portion — von nun
an jeden Tag — Eltern neugierig — Mutter geht auf Veranda
— Kobra neben Teller — Junge und Schlange essen Brei abwechselnd — Schlange geht wieder fort — Junge sieht nach.

25. (S. 33) Der Forscher

Gäste gehen — wo ist Vater? — im Studierzimmer — große Wandkarte — Vater sieht auf weißen Fleck — Frau weiß, wird wieder fortgehen — neue Expedition, neue Gefahr, neue Krankheit — halbes Jahr später — zuerst regelmäßige Briefe — am weißen Fleck angekommen — keine Nachricht — warten — wochen-, monatelang — Hilfsexpedition — Forscher krank — wieder zu Hause — gesund — Feier — Gäste wollen gehen — wo ist Vater? — auf der Terrasse im Garten — sieht auf den Mond.

26. (S. 35) Heimkehr mit Hindernissen

Großes Haus — in Wohnungen aufgeteilt — Helene und Simon von Reise zurück — machen Auto leer — kein Schlüssel zur Wohnung — suchen — Feuerleiter aufs Dach — Simon geht — Schornsteine — Balkon — schlägt Scheibe ein — verkehrte Wohnung — beide sprachlos — Tür schlägt wieder zu — Simon noch einmal aufs Dach — viel schneller — ihr Balkon — schlägt Scheibe ein — Helene nimmt schweren Koffer — Simon will ihn ihr abnehmen — Wohnungstür knallt zu — zum dritten Male — alle Koffer in Wohnung bis auf einen — Luftzug — Simon läßt Koffer fallen — venezianische Vase — Tee machen — Bad nehmen — im Schlafrock Tee trinken — lachen.

27. (S. 39) Eisenbahngespräch

Matrose im Zuge — Schiff auf letzter Fahrt gesunken — Matrose wird gerettet — alle hören zu — Dame fragt nach Vater — Großvater auch ertrunken — nie mehr zur See gehen! — Matrose fragt Dame — Vater starb im Bett — Großvater auch — nie mehr zu Bett gehen! — Reisende und Dame lachen.

28. (S. 40) Weiße Mäuse

Schaufenster — weiße Mäuse — Mann im Dorf — Nebenverdienst — kauft weiße Mäuse — noch Zeit bis Zug abfährt

— Konditorei — Kaffee — keine Schlagsahne — Mäuse in Schachtel auf Stuhl — liest Zeitung — glücklich — zwei Frauen setzen sich an Tisch — hören Mäuse in Schachtel — neugierig — Mann wütend — öffnet Schachtel — Mäuse springen heraus — alle helfen fangen — die letzten beiden Mäuse — Schulter — Gerichtsverhandlung — 50 Mark Geldstrafe.

32. (S. 45) Der Maler

Kunstfreund bestellt Bild — Hahn — ein Jahr später — Hahn noch nicht fertig — wieder ein Jahr — Kunstfreund wird ungeduldig — einen Augenblick — Maler zeichnet Hahn mit wenigen Strichen — Kunstfreund ärgerlich — Atelier — voll von Bildern: der Hahn — zwei Jahre lang gearbeitet — warum?

33. (S. 46) Märchen

Junger Mann wartet auf Verlobte — ungeduldig — Knopf fehlt an Jacke — findet einen — näht an — dreht und wünscht — Mädchen steht vor ihm — dreht : wünscht Hochzeit — dreht: Hochzeit vorüber — dreht: Haus fertig — dreht: Kinder da — dreht: nur der Tod kann noch kommen — erschrickt — dreht Knopf zurück — aufwachen — Mädchen noch nicht da — geduldig warten.

34. (S. 48) Beinahe zu weit getrieben

Schwimmen von Kindern auf Südseeinsel gelernt — ein Jahr in deutscher Schule — niemand weiß, daß er gut schwimmen kann — Badeausflug — soll tauchen lernen — fällt ins Wasser — schwimmt um Felsen herum — sieht, wie man nach ihm sucht — man sieht nicht zu ihm herüber — Zeit, zurückzuschwimmen! — kommt an derselben Stelle wieder hoch.

36. (S. 53) Der Deichvogt

Herr Hintertür — Hotelwirt — Original — Große Springflut — Bremen gerettet durch Deichvogt — Deichvogt bittet Ministerium um Geld — Bitte abgelehnt — fährt selbst mit

Schlafsack und Essen ins Ministerium nach Bonn. Minister
nicht da — will warten — Ecke — rollt Schlafsack auf —
Deichvogt dicker, starker Mann — Angst — Minister wieder
da — Brief mit Geldversprechen — dieser Umbau rettete
Bremen — Deichvogt soll Orden haben — lehnt ab — will
aber noch mehr Geld für Deiche.

37. (S. 56) Ein Regenschirm

Plötzliche Reise — Angestellter soll Fahrkarte lösen — Platz
reservieren — Herr steigt mit Bahnsteigkarte ein — wechseln
Fahrkarte und Bahnsteigkarte — Angestellter geht ins Büro
zurück — Herr fährt fort — will aussteigen — Regenschirm!
— nicht sein Schirm — vielleicht gehört der Schirm dem Angestellten? — muß Schirm mitnehmen — sehr ärgerlich — kann
Regenschirme nicht leiden — vergißt ihn — kommt mit
Schirm nach Hause — Fundbüro — geschlossen — muß
Formulare ausfüllen — nach einem Jahr — soll Schirm ab-
holen — Eigentümer hat sich nicht gemeldet — wütend.

38. (S. 59) Und noch einer

Wieder eine Reise — Personenzug — Herr gegenüber hat
Schirm neben sich — Zug hält — Schirm fällt auf andere
Seite — Herr Benecke gibt Schirm zurück — Herr dankt —
liest weiter im Buch, Herr Benecke in seiner Zeitung — auf
jeder Station dasselbe — Zeremonie wird kürzer — sehen endlich nicht mehr auf — Herr Benecke kommt an — Abteil leer
— Schirm steht noch da — nimmt ihn — will aber nicht mehr
aufs Fundbüro gehen — Eigentümer sollen Glauben verlieren
— Ehrlichkeit der Menschen.

Deutsch–englisches Wörterverzeichnis

NOTES

1   The vowels or forms in brackets after strong and irregular verbs indicate the 3rd person singular present (when irregular), the 3rd person singular imperfect and the past participle.

2   A hyphen inserted between the prefix and the verb indicates that the verb is separable.

3   An asterisk indicates that the verb is conjugated with *sein*.

4   An asterisk enclosed in brackets indicates that the verb is conjugated with *sein* or *haben*, according to the meaning.

5   The plural ending -(*e*)*n* of feminine nouns is not indicated.

A

der Abend (-e), evening

das Abendessen (-), supper, dinner

abends, in the evening

das Abenteuer (-), adventure

*ab-fahren (ä, u, a), drive off

das Abfahren, departure

ab-geben (i, a, e), hand in, give in

ab-holen, fetch

ab-kaufen (*AD*), buy from

ab-lehnen, refuse

ab-nehmen (*see* 'nehmen'), take off, take from, amputate

ab-senden (-sandte, -gesandt), dispatch

die Absicht, intention

das Abteil (-e), compartment

abwechselnd, alternately

ab-ziehen (*see* 'ziehen'), deduct

ach, oh; **— so,** I see

ähnlich, similar

all, all; **— es,** everything

allein, alone

die Alpen (*pl.*), Alps

als, than, when, as a, as if; **— ob,** as if

also, so, all right, well

alt, old

altmodisch, old-fashioned

das Amt (¨er), office

an (*AD*), by, at, on

ander, other

anderthalb, one and a half

an-drehen, turn on

an-fangen (ä, i, a), begin

die Anfängerklasse, beginners' class

an-fassen, seize, handle

angehalten, bated

(*)an-gehen (*see* 'gehen'), concern; come on

der Angestellte (-n, -n), employee, clerk, assistant

angezogen, dressed

die Angst (¨e), fear; **— haben,** be afraid; **— um,** anxiety for

an-haben (*see* 'haben'), wear

an-halten (ä, ie, a), stop

*an-kommen (*see* 'kommen'), arrive

die Ankunft (¨e), arrival

  an-lassen (ä, ie, a), switch on

  an-nähen, sew on

  an-richten, cause

  an-rufen (ie, u), ring up

  anscheinend, apparently

  an-sehen (iė, a, e), look at

die Ansicht, view, idea

die Ansichtskarte, picture postcard

  *an-springen (a, u), start (of engine)

  an-stoßen (ö, ie, o), nudge, bump against

die Antwort, answer

  antworten (*D*) **auf,** answer

  an-ziehen (*see* 'ziehen'), put on

der Apfel (¨), apple

der Appetit, appetite

die Arbeit, work

  arbeiten (**an**), work (on), function

der Arbeiter (-), workman, farm-labourer

das Arbeitszimmer (-), study

der Architekt (-en, -en), architect

  ärgerlich (**über**), annoyed (about)

der Arzt (¨e), doctor

das Atelier (-s), studio

der Atem, breath; — **holen,** draw breath

  atmen, breathe

  auch, also, even; — **nicht,** not either; — **noch,** as well

  auf (*AD*), at, on (to)

*auf-gehen (*see* 'gehen'), rise (of sun); open (*intr.*)

sich auf-halten (ä, ie, a), stay

  auf-holen, catch up

  auf-hören, stop, cease

  auf-machen, open

  auf-passen, pay attention

  aufregend, exciting

die Aufregung, excitement

  auf-reißen (i, i), fling open

  auf-rollen, unroll

  auf-sehen (ie, a, e), look up

  auf-setzen, put on

  *auf-stehen (*see* 'stehen'), get up

  *auf-wachen, wake up (*intr.*)

das Auge (-n), eye

der Augenblick (-e), moment

  augenblicklich, at the moment

  aus (*D*), of, out of, made of

sich aus-drücken, express o.s.

  aus-füllen, fill up

  aus-geben (i, a, e), hand out, give

  *aus-gehen (*see* 'gehen'), go out

das Ausgehen, going out

  ausgerüstet, equipped

  ausgezeichnet, excellent

  ausländisch, foreign

sich aus-ruhen, rest

  aus-sehen (ie, a, e), look

  aus-spannen, unharness

  *aus-steigen (ie, ie), get out

  aus-stoßen (ö, ie, o), utter

  aus-strecken, stretch out

  aus-trinken (a, u), empty

  aus-ziehen (*see* 'ziehen'), take off

das Auto (-s), car

die Autobahn, motorway

automatisch, automatically

B

das Bad (¨er), bath
baden, bathe
das Badezimmer (-), bathroom
bäh, baa
der Bahnhof (¨e), station
der Bahnsteig (-e), platform
bald, soon
der Balkon (-s & -e), balcony
die Bank (¨e), bench, seat
der Bär (-en, -en), bear
bauen, build
der Baum (¨e), tree
bedecken, cover
befehlen (ie, a, o) (AD), order
beginnen (a, o), begin
bei (D), with, to, at, from, next to
beide, both
das Bein (-e), leg
das Beispiel (-e), example; **zum —,** for example
bekommen (see 'kommen'), get
bellen, bark
die Belohnung, reward
bemerken, notice
benutzen, use
beobachten, observe
bereiten, prepare
der Berg (-e), mountain
der Bericht (-e), report
der Beruf (-e), profession
berühren, touch
besetzt, taken
besonder, special
besorgen, get
besser, better
bestellen, order

die Bestellung, order
der Besuch (-e), visitor(s)
besuchen, visit
betrunken, drunk
das Bett (-en), bed
das Bettuch (¨er), sheet
bevor, before (conj.)
sich bewegen, move
die Bewegung, movement
der Bewohner (-), inhabitant
bezahlen, pay
die Biene, bee
das Bild (-er), picture
sich bilden, form
binnen (D), within
die Birne, pear
bis (A), till; **— zu,** up to
ein bißchen, a bit
bitte, please
bitten (bat, gebeten) (um), ask (for)
bittend, pleadingly
blasen (ä, ie, a), blow
blau, blue
*****bleiben (ie, ie),** stay, remain
blenden, dazzle
der Blick (-e), gaze
blicken, look
blinkend, flashing
blöken, bleat (of sheep)
blond, fair
bloß, bare; mere(ly), only
der Blusenausschnitt (-e), neck of blouse
der Boden (- & ¨), ground, floor, attic
brauchen, need
der Brei (-e), porridge
der Brief (-e), letter
die Brille, pair of glasses
bringen (brachte, gebracht), bring
bunt, coloured

87

das **Büro** (-s), office
der **Bus** (-se), bus

C

die **Chance**, chance
der **Chor** (¨e), choir

D

da, since (*conj.*); there, here, then
dabei, in the process, at the same time
das **Dach** (¨er), roof
der **Dackel** (-), dachshund
dahin, there; **nach —,** towards the spot
die **Dame,** lady
damit, so that (*conj.*); with this, saying that, thereby
danke, thank you
danken (*D*), thank
dann, then
darauf, on it
darin, in(side) it
darum, that is why
daß, that (*conj.*)
das **Dat·um** (-en), date
dauern, last
der **Daumen** (-), thumb
dazu, for that
die **Decke,** blanket
der **Deckel** (-), lid
der **Deich** (-e), dyke
denken (**dachte, gedacht**), think
denn, for (*conj.*); then
derselbe, the same
deshalb, so, therefore, that is why
deutlich, clear(ly)
deutsch, German (*adj.*)
Deutschland (*n.*), Germany
dick, thick, fat

dieser, this (one), the latter
diesmal, this time
das **Ding** (-e), thing
direkt, direct, straight
doch, after all, nevertheless, but, oh yes
der **Doktor** (-en), doctor
das **Dorf** (¨er), village
dort, there
draußen, outside
drehen, turn
der **Dressierstuhl** (¨e), training-stool
dringend, urgently
drinnen, inside
dritt, third; **zum —en-mal,** for the third time
drücken, press, squeeze, push
dumm, stupid
dunkel, dark
durch (*A*), through
durchaus, simply
durch-führen, carry out
dürfen (darf, durfte, gedurft), be allowed, may; **nicht —,** must not

E

eben, just (now); **— nicht,** I'm afraid not
die **Ecke,** corner
ehe, before (*conj.*)
der **Ehemann** (¨er), husband
ehrlich, honest
die **Ehrlichkeit,** honesty
das **Ei** (-er), egg
eigen, own
die **Eigenschaft,** quality
eigentlich, really
der **Eigentümer** (-), owner
der **Einbrecher** (-), burglar

88

einer, one (*pronoun*)

einfach, simple, simply, just

*__ein-fallen (ä, ie, a)__ (*D*), occur to

der Eingang (¨e), entrance

ein-kaufen, do one's shopping

einmal, once, just, one; **nicht —,** not even; **noch —,** once again

ein-schenken, pour out

*__ein-schlafen (ä, ie, a),__ fall asleep

ein-schlagen (ä, u, a), break

ein-setzen, put in

*__ein-steigen (ie, ie),__ get in

der Einwohner (-), inhabitant

die Einzelheit, detail

das Eis (*no pl.*), ice

die Eisenbahn, railway

die Eisenstange, iron bar

der Elefant (-en, -en), elephant

die Eltern (*pl.*), parents

der Endbahnhof (¨e), terminus

das Ende (-n), end

endlich, at last

der Enkel (-), grandson

entdecken, discover

die Ente, duck

*__entgegen-kommen__ (*see* 'kommen'), meet

entlang (*A*), along

entschlossen, resolved; **kurz —,** without a moment's hesitation

entsetzt, horrified

*__entstehen__ (*see* 'stehen'), take place

die Erde, earth

der Erdteil (-e), continent

der Erfolg (-e), success

*__erfrieren (o, o),__ become frostbitten

das Erfrieren, freezing to death

erfrischend, refreshing

erhalten (ä, ie, a), get, receive

sich erholen, recover (health)

erkennen (*see* 'kennen'), recognize

die Erlaubnis (-se), permission

das Erlebnis (-se), experience, adventure

der Ernst, earnestness

erreichen, reach

erschöpft, exhausted

*__erschrecken (erschrickt, erschrak, o),__ be (*or* get) frightened

erschrocken, frightened, scared, startled

erst, first, only; **das —emal,** the first time

erstaunt, with surprise

*__ertrinken (a, u),__ be drowned

erwarten, expect

erzählen (*AD*), tell, relate

der Esel (-), donkey

essen (i, a, gegessen), eat; **zu Mittag —,** lunch

das Essen (-), food, eating

das Eßzimmer (-), dining-room

etwas, something; somewhat; **noch —,** something (*or* anything) else

der Europäer (-), European

eventuell, possibly

die Expedition, expedition

F

*__fahren (ä, u, a),__ travel, go

das Fahren, travelling

der Fahrer (-), driver

die **Fahrkarte,** ticket
das **Fahrrad** (:er), bicycle
die **Fahrstunde,** driving lesson
die **Fahrt,** voyage, journey
der **Fall** (:e), case
   *****fallen** (ä, ie, a), fall,
     stream (of light)
   falsch, wrong(ly)
   falten, fold
die **Familie,** family
   fangen (ä, i, a), catch,
     capture
die **Farbe,** colour
   fassen, seize hold of
   fast, almost
die **Feder,** feather
das **Federbett** (-en), feather
   bed
   fehlen, miss, be missing
der **Fehler** (-), mistake
   feiern, celebrate
   fein, fine
das **Feld** (-er), field
der **Fels** (-en, -en), rock
   felsig, rocky
das **Fenster** (-), window
   fern, far
die **Ferne,** distance
   ferner, further; **nicht —,**
     no more
   fertig, finished
   fest, firm
die **Feuerleiter,** fire escape
   finden (a, u), find
der **Finder** (-), finder
der **Fisch** (-e), fish
   flach, flat, prone
die **Flasche,** bottle
das **Fleisch,** meat
   *****fliegen** (o, o), fly
das **Flugzeug** (-e), aeroplane
der **Fluß** (:(ss)e), river
   (*)**folgen** (*D*), follow; obey
   folgend, following

die **Form,** form, shape
das **Formular** (-e), form
der **Forscher** (-), explorer
   fort, away, gone
   *****fort-fahren** (ä, u, a), go
     away
die **Frage,** question
   fragen, ask
   fragend, questioningly
die **Frau,** wife, Mrs.
das **Fräulein** (-), Miss
   frei, free
   fremd, from other parts,
     somebody else's
der **Fremde** (-n, -n), stranger
   fressen (i, a, e), eat (of
     animals
die **Freude,** joy
sich **freuen,** be glad, pleased
der **Freund** (-e), friend
die **Freundin** (-nen), friend
   freundlich, friendly, kind
   friedlich, peaceful
   frisch, fresh
   froh, glad, pleased
der **Frosch** (:e), frog
der **Frost** (:e), frost
   früh, early
das **Frühjahr** (-e), spring
das **Frühstück** (-e), breakfast
der **Fuchs** (:e), fox
   fühlen, feel; **sich —,** feel
   führen, take; run (*tr.*)
   füllen, fill
das **Fundbüro** (-s), lost pro-
     perty office
   für (*A*), for
   fürchten, fear
der **Fuß** (:e), foot
   füttern, feed

G

   gack, quack!
   gacken, quack

der **Gang** (¨e), corridor, gait
ganz, whole, quite
gar : — **kein**, no . . . at all;
— **nichts**, nothing at all
die **Garage**, garage
der **Garten** (¨), garden
die **Gasse**, road, lane
der **Gast** (¨e), guest
der **Gastgeber** (-), host
das **Gasthaus** (¨er), inn
das **Gastzimmer** (-), dining-
room of inn
geben (i, a, e), give; es
gibt, there is/are
gebrochen, broken in
health
der **Geburtstag** (-e), birthday
der **Gedanke** (-ns, -n),
thought, idea
die **Gefahr**, danger
gefallen (ä, ie, a) (*D*),
please
der **Gefallen** (-), favour
gegen (A), towards,
against
die **Gegend**, district, area
gegenüber (*D*), opposite
gegenüberliegend, opposite
das **Gehalt** (¨er), salary
geheim, secret
*****gehen**(ging,gegangen),go
das **Gehen**, walking
gehorchen (*D*), obey
gehören (*D*), belong; —
zu, be part of
gelb, yellow
das **Geld** (-er), money
die **Geldstrafe**, fine
*****gelingen** (a, u) (*D*), suc-
ceed
genau, close, exact(ly)
der **General** (¨e), general
genug, enough

das **Gepäck**, luggage
gerade, just (at this
moment)
das **Gerät** (-e), implement
das **Geräusch** (-e), noise
geräuschlos, noiselessly
die **Gerichtsverhandlung**,
trial
gern(e), willingly; —
haben, like (to have);
— **mögen**, like
das **Geschäft** (-e), business
*****geschehen** (ie, a, e),
happen
die **Geschichte**, story
geschlossen, shut
die **Geschwindigkeitsbe-
grenzung**, speed limit
das **Gesicht** (-er), face
das **Gespenst** (-er), ghost
das **Gespräch** (-e), conversa-
tion
gesprächig, talkative
die **Gestalt**, form
gestern, yesterday; —
abend, last night
gestrig, yesterday's
gewinnen (a, o), win
sich **gewöhnen an** (*A*), get
used to
gewöhnlich, ordinary
gewohnt, accustomed
das **Glas** (¨er), glass
das **Gläschen** (-), little glass
der **Glaser** (-), glazier
der **Glaube** (-ns, *no pl.*), belief
glauben (an) (*A*), believe
(in), think
gleich, same; immediately
das **Gleichgewicht**, balance
gleichzeitig, at the same
time
*****gleiten** (glitt, geglitten),
slide, glide

die Glocke, bell
das Glück, happiness, luck
  glücklich, happily
  glücklicherweise, fortunately
das Gold, gold
der Gott (¨er), God; **großer —,** heavens!; **um —es willen,** heavens!
das Gras (¨er), grass
  greifen (griff, gegriffen) nach, reach for
der Grog (-s), grog
  groß, tall, big
der Großvater (¨), grandfather
  grotesk, grotesque
  grün, green
der Grund (¨e), reason
die Gruppe, group
der Gummischuh (-e), rubber boot
  gut, good; well

H

das Haar (-e), hair
  haben (hat, hatte, gehabt), have
die Hafenstadt (¨e), port
der Hahn (¨e), cock
  halb, half
die Halbinsel, peninsula
der Hals (¨e), neck
  halt, I think; nevertheless
  halten (ä, ie, a), stop, keep, have; **sich gut —,** keep young
der Hammer (¨), hammer
die Hand (¨e), hand
  handeln, act
  hängen (i, a), hang (*intr.*)
  hart, hard
der Hase (-n, -n), hare
  häßlich, ugly
die Haube, bonnet

die Hauptstraße, main road
das Haus (¨er), house; **nach —e,** home; **zu —e,** at home
die Haustür, front door
  heben (o, o), lift, increase; **sich —,** be raised
das Heilmittel (-), remedy
die Heimkehr, home-coming
  heiser, hoarse
  heiß, hot
  heißen (ie, ei), be called; **das heißt,** that is
  helfen (i, a, o) (*D*), help
  hell, light, bright
  heraus, out
  heraus-sehen (ie, a, e), peep out
der Herbst (-e), autumn
  herein, in
der Herr (-n, -en), gentleman, Mr.; **mein —,** sir
  herrlich, splendid(ly), magnificently
  herrschen, reign
  herüber, across
  herum, around
  herunter, down
das Herz (-ens, -en), heart
  herzlich, cordially
  heute, today; **— nacht,** last night
  heutig, today's
  hier, here
die Hilfe, help
die Hilfsexpedition, rescue party
der Himmel (-), sky
  hin: — und her, to and fro
  hinauf, up
  hinaus, out
das Hindernis (-se), obstacle
  hindurch, through

hinein, in (to)

hin-halten (ä, ie, a) (*AD*), hold out to

sich **hin-setzen,** sit down

hinten, behind, at the back; **nach —,** at the back

hinter (*AD*), behind, beyond

hinüber, across

hinunter, down

hoch, high, up

*****hoch-kommen** (*see* 'kommen'), come up

hoch-stoßen (ö, ie, o), push up

die **Hochzeit,** wedding

der **Hof (⸚e),** yard

hoffen, hope

hoffentlich, it is to be hoped

höflich, polite(ly)

holen, fetch, get, run off with

hören, hear, listen

das **Hotel (-s),** hotel

huh, brr!

das **Huhn (⸚er),** chicken

der **Hund (-e),** dog

hundertmal, a hundred times

hungrig, hungry

*****hüpfen,** leap

*****huschen,** slip

der **Hut (⸚e),** hat

I

iah, hee-haw!

die **Idee,** idea

immer, always; **— wieder,** again and again

Indien (*n.*), India

die **Insel,** island

die **Inspektion,** inspection

interessiert, interestedly

inzwischen, meanwhile

J

ja, yes; you know/see, in that case, why

die **Jacke,** jacket

die **Jagd,** chase

das **Jahr (-e),** year

das **Jahrhundert (-e),** century

je, ever; **— einer,** one each

jeder, each, any

jedesmal, every time

jedoch, however

jemand, somebody

jetzt, now

jung, young

der **Junge (-n, -n),** boy

der **Juwelier (-e),** jeweller

K

der **Kaffee,** coffee

kalt, cold

die **Kälte,** cold

der **Kamerad (-en, -en),** comrade, playmate

der **Kapitän (-e),** (ship's) captain

kaputt, broken, done for

der **Karren (-),** cart

die **Karte,** map, ticket

die **Kaserne,** barracks

die **Katze,** cat

kaufen, buy

kaum, scarcely

keiner, no one

der **Kellner (-),** waiter

die **Kellnerin (-nen),** waitress

kennen (kannte, gekannt), know

kikeriki, cock-a-doodle-doo!

93

das **Kilometer (-),** kilometre
das **Kind (-er),** child
die **Kirche,** church
das **Kissen (-),** pillow
  klappen: nach vorn —,
    tip forward (seat)
  klar, clear
die **Klasse,** class
  klassenlos, classless
  klatschen, clap
das **Kleid (-er),** dress; **—er**
    (*pl.*), clothes
  klein, small, short
  ***klettern,** scramble, climb
  klingeln, ring
  klirren, crackle
der **Knall (-e),** bang
der **Knauf (¨e),** knob
das **Knie (-),** knee
der **Knopf (¨e),** button
die **Kobra (-s),** cobra
die **Köchin (-nen),** cook
der **Koffer (-),** suitcase, trunk
der **Kognak (-s & -e),** brandy
  Köln, Cologne
die **Kolonne,** line of traffic
  komisch, strange, odd,
    peculiar
  ***kommen (kam, gekom-
    men),** come
die **Konditorei,** tea-shop
  **können (kann, konnte,
    gekonnt),** can
die **Konstellation,** grouping,
    constellation
die **Kontrolle,** check
der **Kopf (¨e),** head
das **Körbchen (-),** little basket
der **Körper (-),** body
  kosten, cost
  krächzen, croak
  kräftig, strong
der **Kragen (-),** collar
  krah, caw!

  krähen, crow
  krank, ill
der **Kranke (-n, -n),** patient
die **Krankheit,** illness
  kreischen, screech
das **Kreuz (-e),** cross
  ***kriechen (o, o),** crawl,
    creep
die **Küche,** kitchen
der **Kuchen (-),** cake
die **Kuh (¨e),** cow
der **Kühlschrank (¨e),** refrig-
    erator
die **Kunst (¨e),** art
der **Kunstfreund (-e),** patron
    of art
  kurz, short, brief(ly)

L

  lächeln, smile
  lachen, laugh
der **Laden (¨),** shop
das **Land (¨er),** country; **auf
    dem —,** in the country
  ***landen,** land
die **Landkarte,** map
die **Landschaft,** scenery, land-
    scape
  lang, long; **—e,** long (*adv.*)
  langsam, slow(ly)
sich **langweilen,** be bored
  langweilig, boring
  lassen (ä, ie, a), leave, let
  lauern, lie in wait
  ***laufen (äu, ie, au),** run
  lauschen (*D*), listen
  laut, loud(ly), aloud
  läuten, ring
  lautlos, silently
  leben, live, be alive
das **Leben (-),** life
  lebhaft, lively
der **Lederhandschuh (-e),**
    leather glove

94

leer, empty
legen, put; **sich —,** lie down
lehnen, lean
der **Lehrer (-),** (school) master
leicht, easy, slight(ly)
leiden (litt, gelitten), suffer, bear
leider, unfortunately
leise, gentle, gently, softly, quietly
die **Leiter,** ladder
das **Lenkrad (¨er),** steering-wheel
die **Lerche,** lark
lernen, learn
lesen (ie, a, e), read
letzt, last
leuchtend, gleaming
die **Leute** (*pl.*), people
das **Licht (-er),** light
der **Lichtstrahl (-en),** ray of light
lieb, dear
lieber, rather
liegen (a, e), be, lie
die **Limonade,** lemonade
link, left
die **Lippe,** lip
loben, praise
das **Loch (¨er),** hole
der **Löffel (-),** spoon
lösen, buy
*****los-gehen** (*see* 'gehen'), start
die **Luft (¨e),** air
der **Luftzug (¨e),** draught, current of air
lustig, merrily

M

machen, do, make
das **Mädchen (-),** girl
mäh, me-eh!

das **Mal (-e),** time
mal, just; **— . . . — . . .,** now . . . now . . .
malen, paint
der **Maler (-),** painter
die **Mama(-s),** mummy
man, one (*pronoun*)
manchmal, sometimes
der **Mann (¨er),** husband, man
die **Mannschaft,** crew
der **Mantel (¨),** coat
das **Märchen (-),** fairy-tale
der **März,** March
der **Matrose (-n, -n),** sailor
die **Mauer,** wall
die **Maus (¨e),** mouse
meckern, bleat (of goat)
die **Medaille,** medal
das **Meer (-e),** sea, ocean
mehrere, several
meinen, mean
meist, most
der **Meister (-),** master (of craft)
sich **melden,** put up one's hand (in class), volunteer
der **Mensch (-en, -en),** man; (*pl.*), people
merken, notice
miau, miaow!
miauen, mew
der **Minister (-),** minister
das **Ministeri-um (-en),** ministry
die **Minute,** minute
das **Mißverständnis (-se),** misunderstanding
mit (*D*), with
der **Mitarbeiter (-),** collaborator
mit-bringen (*see* 'bringen'), bring with (one)
miteinander, with one another

95

*mit-gehen (*see* 'gehen'), go with (one)

*mit-kommen (*see* 'kommen'), come with (one)

mit-nehmen (*see* 'nehmen'), take with (one)

der Mittag (-e), noon, midday

das Mittagessen (-), lunch

das Mittagsschläfchen (-), afternoon nap

mitten (auf, in), in the middle of

die Mitternacht, midnight

mögen (mag, mochte, gemocht), like

möglich, possible; **alles —e,** everything conceivable

der Monat (-e), month

der Mond (-e), moon

morgen, tomorrow; **—s,** in the morning

der Morgen (-), morning

morgig, tomorrow's

der Motor (-en), engine

müde, tired

die Mühe, trouble

mühsam, with difficulty

müssen (muß, mußte, gemußt), must, have to

der Mut, courage; **sich — machen,** give o.s. courage

die Mutter (ⁿ), mother

N

na, well

nach (*D*), after, towards

der Nachbar (-n), neighbour

nach-denken (*see* 'denken'), reflect

*nach-gehen (*see* 'gehen'), (*D*), follow (sound of)

das Nachhausekommen, home-coming

nachher, afterwards

der Nachmittag (-e), afternoon

nach-rufen (ie, u) (*D*), call out after

nach-schauen, look

nach-sehen (ie, a, e) (*D*), follow with one's eyes, glance

*nach-springen (a, u) (*D*), jump in after

nächst, next

die Nacht (ⁿe), night; **des —s,** at night

die Nachtigall, nightingale

nächtlich, nocturnal

nachts, at night

der Nachttisch (-e), bedside-table

die Nadel, needle

nah(e), near

die Nähe, vicinity; **von der —,** from nearby

nähen, sew

sich nähern, approach

nämlich, namely, for

die Nase, nose

naß, wet

die Natur, nature

natürlich, of course

neben (*AD*), next to

nebeneinander, next to each other

nehmen (nimmt, nahm, genommen), take

nennen (nannte, genannt), name, call, give

nervös, nervy

nett, nice

das Netz (-e), rack

neu, new

die Neugier, curiosity

neugierig, curious, inquisitive(ly)

der Neugierige (-n, -n), inquisitive man

nicht mehr, no longer

der Nichtraucher (-), nonsmoker

nichts, nothing, not anything; **— anderes,** nothing else

nicken mit, nod

nie, never; **noch —,** never before

niemand, nobody

noch, still, in addition, even, left; **— ein,** another; **— immer,** still; **— mal,** once again **— nicht,** not yet

die Not (¨e), trouble

nötig, necessary

nun, well, now; **von — an,** from now onwards

nur, only, merely; **— noch ein(er),** just one more

nützen (*D*), be of use to

O

ob, if, whether

oben, at the top; **nach —,** up

oberst, top

obgleich, although

das Obst, fruit

obwohl, although

offen, open

offensichtlich, obviously

öffnen, open; **sich —,** open

oft, often

ohne (*A*), without; **— daß,** without (-ing)

die Ohnmacht, faint

die Omnibusschaffnerin (-nen), bus conductor

die Ordnung, order

das Original (-e), original, eccentric

P

ein paar, one or two

das Paar (-e), couple

das Papier (-e), paper

das Paradies (-e), paradise

der Park (-s), park

passen (*D*), suit

*passieren, happen

die Pause, interval, pause

der Pelz (-e), fur coat

pensioniert, retired

die Person, person

der Personenzug (¨e), slow train

der Pfennig (-e), pfennig (coin)

das Pferd (-e), horse

pflegen, nurse; **gesund —,** nurse back to health

der Pinsel (-), brush

der Plan (¨e), plan

der Platz (¨e), place, seat, room

das Plätzchen (-), little spot

plötzlich, sudden(ly)

die Polizei, police

die Polizeiwache, police-station

der Polizist (-en, -en), policeman

die Portion, helping

die Präposition, preposition

prüfen, examine, test

der Pudel (-), poodle

puh, ugh!

putzen, clean, preen

Q

quak, quack!

quaken, quack, croak

quer, sideways on
quieken, squeak
quietschen, squeak

R

der Rabe (-n, -n), raven
das Rad (:er), wheel, bicycle
der Radfahrer (-), cyclist
der Rappe (-n, -n), black horse
die Ratte, rat
rauchen, smoke
das Raucherabteil (-e), smoking compartment
der Raum (:e), room
rechnen (auf), count (on)
recht, right, real
die Redaktion, newspaper office
die Rede, speech, talk
reden, talk
regelmäßig, regular(ly)
der Regen, rain
der Regenschirm (-e), umbrella
der Regenwurm (:er), earthworm
die Regierung, government
regnen, rain
das Reh (-e), deer
reiben (ie, ie), rub
reich, rich
reichen (*AD*), hand
die Reise, journey
das Reisebüro (-s), travel agency
der Reisende (-n, -n), traveller
die Reisetasche, travelling-bag
reißen (i, i), drag
*****rennen (rannte, gerannt),** run
das Restaurant (-s), restaurant
retten (vor), save (from)

der Revolver (-), revolver
der Richter (-), judge
richtig, right, correct, real
die Richtung, direction
ringsum, all around
roh, raw
(*)rollen, roll
das Rotkehlchen (-), robin
der Ruck (-e), jerk
rückwärts, backwards;
nach —, backwards
(*)rudern, row, swim
der Ruf (-e), cry, call
rufen (ie, u), call, hoot (of owl)
die Ruhe, peace and quiet
ruhig, quiet, calm(ly); safely
der Rum (-s), rum
der Rüssel (-), trunk (of elephant)

S

der Saal (Säle), (large) room
die Sache, thing, matter
sagen, say
sammeln, collect
der Sattel (:), saddle
die Schachtel, box
schade, it is a pity
der Schaden (:), damage
das Schaf (-e), sheep
das Schaltbrett (-er), dashboard
der Schalter (-), switch
scharf, sharp
der Schatten (-), shadow
das Schaufenster (-), shop-window
die Scheibe, window-pane
scheinen (ie, ie), seem; shine
schenken (*AD*), present; pour

98

schieben (o, o), push

das Schiff (-e), boat, ship

die Schinkensemmel, ham-roll

der Schirm (-e), umbrella

schlafen (ä, ie, a), sleep

das Schlafen, sleeping

der Schlafrock (¨e), dressing-gown

der Schlafsack (¨e), sleeping-bag

das Schlafzimmer (-), bed-room

schlagen (ä, u, a), strike

die Schlagsahne, whipped cream

die Schlange, snake

schlau, cunning

schlecht, bad

sich schleichen (i, i), creep

der Schleier (-), veil

schließen (o, o), shut

das Schloß (¨(ss)er), lock

der Schluck (-e), sip

der Schlüssel (-), key

schmecken (*D*), taste

der Schnaps (¨e), gin

der Schnee, snow

schneiden (schnitt, ge-schnitten), cut (up)

der Schneider (-), tailor

schneien, snow

schnell, quick(ly)

schon, already

schön, fine, beautiful, handsome, tidy

der Schornstein (-e), chimney

schräg, at an angle

der Schrank (¨e), cupboard

der Schreck (-e), shock, scare, terror

schrecklich, terribly

schreiben (ie, ie), write

der Schreibtisch (-e), desk

schreien (ie, ie) (vor), scream (with); bray

schrill, shrill(y)

der Schritt (-e), step

die Schule, school

der Schüler (-), schoolboy, boy

die Schulter, shoulder

schütteln, shake; **sich —,** shudder, shiver

der Schutz, protection

der Schutz-mann (-leute), policeman

schwanken, rock, sway

schwärmen (über), en-thuse (about)

schwarz, black

das Schweigen, silence

schweigend, in silence

schwer, heavy, heavily

der Schwierige (-n, -n), man hard to please

(*)**schwimmen (a, o),** swim

das Schwimmen, swimming

der See (-n), lake

die See, sea

der See-mann (-leute), sailor

sehen (ie, a, e), see; **— auf,** look at; **— nach,** look after, see about

*sein (ist, war, gewesen),** be

seit (*D*), since, for

die Seite, side

der Sekretär (-e), secretary

die Sekunde, second

selbst, himself, etc.; even

setzen, put; **sich —,** sit down, get into (car)

sicher, certain(ly), for certain

die Sicherheit, safety; **zur —,** to make doubly sure

singen (a, u), sing

*sinken (a, u),** sink, go down, fall

sitzen (saß, gesessen), sit
der Skiläufer (-), skier
der Smoking (-s), dinner-
  jacket
  so, so, such, like that, in this
  way, really, that's that;
  — ein, such; **— wie,** like
das Sofa (-s), settee
  sofort, immediately
  sogar, even
  solange, as long as
  solch, such
der Soldat (-en, -en), soldier
  **sollen (soll, sollte, ge-
  sollt),** shall, ought, be to
  sonderbar, strange(ly)
  sondern, but
die Sonne, sun
  sonst, otherwise, or else, at
  other times
  sowieso, anyhow
  sparen, save
der Spaß (¨e), joke; **— treiben
  mit,** play jokes on; **sich
  einen — machen,** give
  oneself a bit of fun
  spät, late
der Spaziergang (¨e), walk,
  stroll
der Spazierstock (¨e), walk-
  ing-stick
der Spiegel (-), mirror
das Spiel (-e), game
  spielen, play
der Spielkamerad (-en, -en),
  playmate
der Sport (*no pl.*), sport
  sprachlos, speechless
  sprechen (i, a, o), speak
  (to)
die Sprechstunde, consulting
  hour
  *springen (a, u), jump
die Springflut, spring tide

das Sprungbrett (-er), spring-
  board
die Spur, trace
der Stab (¨e), bar
die Stange, pole
  stark, strong, hard, heavy
die Station, station
  stecken, put; ***—bleiben,**
  get stuck
  **stehen (stand, gestan-
  den),** stand; ***—bleiben,**
  stop, stand
  stehlen (ie, a, o), steal
  *steigen (ie, ie), climb (up)
  steil, steep
die Stelle, spot, place
  stellen, put; **sich —,** get
  (up on)
  *sterben (i, a, o), die
  still, still, quiet
  stillschweigend, silently
die Stimme, voice
  stimmen, tally
der Stock (¨e), stick
der Stock (-werke), storey (of
  house)
das Stöckchen (-), little stick
  stocken, stop beating (of
  heart)
  stolz (auf), proud (of),
  proudly
  stören, disturb
  störrisch, obstinate
  *stoßen (ö, ie, o) (auf),
  come up against
  strahlen (vor), beam
  (with)
  strahlend, shining
die Straße, street, road
die Straßenbahn, tram
die Strecke, stretch, way
  streicheln, stroke
  streng, severe
der Strich (-e), stroke

struppig, shaggy
das Stück (-e), piece, bit
das Stückchen (-), little piece
die Stufe, step
der Stuhl (̈e), chair
stumm, dumb
die Stunde, hour
Stundenkilometer (*pl.*), kilometres an hour
der Sturm (̈e), storm, gale
*****stürzen,** dash
Südamerika (*n.*), South America
die Südseeinseln (*pl.*), South Sea Islands
summ, buzz!
die Suppe, soup
die Szene, scene

T

die Tafel, blackboard
der Tag (-e), day
täglich, daily
das Tal (̈er), valley
die Tanne, fir-tree
tanzen, dance
die Tasche, pocket, bag
die Taschenlampe, torch
das Taschentuch (̈er), handkerchief
*****tauchen,** dive, dip
der Tauwind (-e), warm wind
der Tee, tea
der Teich (-e), pond
der Teil (-e), part
das Telefon (-e), telephone
das Telegramm (-e), telegram
der Teller (-), plate
das Tempo (-s), speed, rate
die Terrasse, terrace
tief, deep
die Tiefe, depth(s)
das Tier (-e), animal
tirili, cheep! cheep!

der Tisch (-e), table
der Tod (-esfälle), death
das Tor (-e), gate
die Torte, flan, gâteau
tot, dead
tragen (ä, u, a), wear, carry, bear
der Traum (̈e), dream
träumen, dream
traurig, sad
treffen (i, traf, o), drive, push
die Treppe, (flight of) stairs
*****treten (tritt, a, e),** step
treu, faithful
die Treue, fidelity
trinken (a, u), drink
trocken, dry
das Tuch (̈er), scarf
tun (a, a), do; **—, als (ob),** pretend
die Tür, door
der Turm (̈e), tower

U

über (*AD*), over, across, about
überall, everywhere; **—hin,** everywhere
überhaupt, in general
das Überholen, overtaking
überraschen, surprise
sich überschlagen (ä, u, a), turn over (*intr.*)
überschwemmen, flood
*****übrig-bleiben (ie, ie),** be left over
übrigens, by the way
das Ufer (-), bank, shore
die Uhr, o'clock
um (*A*), round; past
der Umbau, reconstruction
um-bauen, reconstruct, make alterations in

*um-fallen (ä, ie, a), fall over

die Umgebung, surroundings

sich um-sehen (ie, a, e), look round

umsonst, in vain, for nothing

sich um-wenden (*see* 'wenden'), turn round

um-werfen (i, a, o), knock over

unbedingt, absolutely

unehrlich, dishonest

unerschrocken, undaunted

der Unfall (¨e), accident

die Ungeduld, impatience

ungeduldig, impatient(ly)

ungefähr, approximately

ungeheuer, enormously

ungläubig, incredulously

das Unglück, disaster

die Uniform, uniform

unmännlich, unmanly

unmöglich, impossible

unsichtbar, invisible

unten, downstairs; **nach —,** downstairs

unter (*AD*), under

*unter-gehen (*see* 'gehen'), set (of sun), go down

sich unterhalten (ä, ie, a), converse

unterscheiden (ie, ie), distinguish

unzufrieden, dissatisfied

der Urlaub (-e), leave, holiday

V

die Vase, vase

der Vater (¨), father

venezianisch, Venetian

die Verand-a (-en), veranda

verändern, alter

die Verantwortung, responsibility

sich verbiegen (o, o), get bent out of shape

verbringen (*see* 'bringen'), spend (time)

verdächtig, suspicious

verdienen, earn

vergeblich, in vain

*vergehen (*see* 'gehen'), pass (of time)

vergessen (i, a, e), forget

das Vergnügen (-), pleasure

verheiratet, married

der Verkehr, traffic, commerce

verkehrt, the wrong way round

verklärt, transfigured

verlangen, ask for

verlängern, lengthen

verlassen (ä, ie, a), leave

verlieren (o, o), lose

verlobt (mit), engaged (to)

vermuten, suppose

*verschwinden (a, u), disappear

das Versehen (-), mistake; **aus —,** by accident

versprechen (i, a, o) (*AD*), promise

verstehen (*see* 'stehen'), understand

versteinert, petrified

versuchen, try

das Vertrauen, trust

der Verwandte (-n, -n), relation

viel, a lot of; much; **—e,** many

vielleicht, perhaps

der Vogel (¨), bird

voll, full

von (*D*), from, of; **— . . . her,** from

vor (*AD*), before, in front of, from, ago; **— sich her,** before (it)

vorbei, past

das **Vorbeiziehen,** going past

der **Vordersitz (-e),** front seat

die **Vorgängerin (-nen),** predecessor

vorgestrig, day before yesterday's

vorher, before

vorhin, just now

vorig, previous, last

***vor-kommen** (*see* 'kommen'), seem to

vorn: nach —, forwards

vorsichtig, careful, cautious(ly)

vor-spannen, harness

vorüber, past

W

wachen, keep watch

wagen, dare

der **Wagen (-),** car

wahr, true; **nicht —,** isn't it? etc.

während (*G*), during; while

wahrscheinlich, probably

der **Wald (¨er),** wood, forest

die **Wand (¨e),** wall

***wandern,** move

warten (auf), wait (for)

das **Warten,** wait(ing)

der **Wärter (-),** keeper

das **Wasser (-),** water

wau wau, bow-wow!

weder . . . noch, neither . . . nor

der **Weg (-e),** way

weil, because

die **Weile,** while

das **Weinen,** weeping

weise, wise

die **Weise,** way, manner

weiß, white

weit, far; **— und breit,** far and wide

weiter, further, on

weiter-fragen, go on asking

welcher, which

die **Welt,** world

sich **wenden (wandte, gewandt) (an),** turn (to)

wenig, little; **ein —,** a bit; **—e,** few

wenigstens, at least

wenn, if, when

***werden (wird, wurde, geworden) (zu),** become (s.th.)

werfen (i, a, o), throw, cast

wesenhaft, real, substantial, characteristic

das **Wetter,** weather

wichtig, important

wie, how, like; as if

wieder, again

wieder-bekommen (*see* 'kommen'), get back

die **Wiese,** meadow

wieso, what do you mean?

wie viele, what a lot of . . .!

der **Wind (-e),** wind

winken, beckon

das **Winken,** beckoning

der **Winter (-),** winter

winzig, tiny

wirklich, real(ly)

die **Wirklichkeit,** reality

wirr, confused

der **Wirt (-e),** host

wissen (weiß, wußte, gewußt), know

wobei, while

die **Woche,** week
woher, where . . . from; how
wohl, certainly, I dare say, I suppose; happy
die **Wohnung,** flat
das **Wohnzimmer (-),** drawing-room
wollen (will, wollte, gewollt), want, try
das **Wort (-e & ˝er),** word
wunderbar, miraculous
sich **wundern (über),** be surprised (at)
wünschen, wish
die **Wurzel,** root

Z

die **Zahl,** number
der **Zahn (˝e),** tooth
das **Zähneputzen,** cleaning one's teeth
zeichnen, draw
zeigen (AD), show
die **Zeit,** time; **vor alter —,** of yore; long ago
die **Zeitung,** newspaper
das **Zentimeter (-),** centimetre
die **Zeremonie,** ceremony
*zerschmelzen (i, o, o),** melt (intr.)
zerstreut, absent-minded
der **Zettel (-),** notice
die **Zeuge (-n, -n),** witness
die **Ziege,** goat
(*)**ziehen (zog, gezogen),** draw, pull; come
das **Ziel (-e),** goal, destination
ziemlich, fairly
die **Zigarette,** cigarette
die **Zigarre,** cigar
das **Zimmer (-),** room

der **Zirkus (-se),** circus
die **Zitrone,** lemon
zittern, tremble
zornig, angrily
zu, to, too; shut
züchten, breed
zuerst, (at) first; — **einmal,** to begin with
*zu-fallen (ä, ie, a),** shut
zufällig, by chance
zufrieden, pleasant, contentedly
*zu-frieren (o, o),** freeze over
der **Zug (˝e),** train; gulp
zügeln, curb
zu-hören (D), listen to
*zu-knallen,** shut with a bang (intr.)
die **Zukunft,** future
zu-lächeln (D), smile at
zurück, back
zurück-fragen, ask in reply
das **Zurückgeben,** giving back
zu-rufen (ie, u) (D), call out to
zusammen, together
zusammen-drücken, squash
zusammen-treffen (see 'treffen'), meet
zu-sehen (ie, a, e) (D), watch
zwar, it is true; **und —,** and in fact
zweistellig, two-figure (e.g. number)
zweit, second
zwischen (AD), between among